국가적 경계: 개념, 이론 그리고 사례

국가적 경계
개념, 이론 그리고 사례

State Borders
Concept, Theory, and Case

| 최위정 저 |

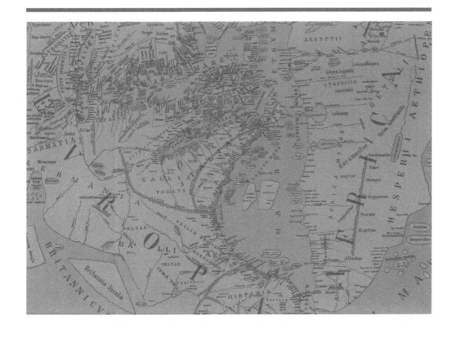

솔과학

서문

전통적 국제정치학에서는 30년 전쟁(Thirty Year's War, 1618~1648)을 '국가적 경계(state borders)'에 근거한 국가적 형태가 출현한 시원적 사건으로 이해하며, 이 전쟁이 종결된 1648년의 웨스트팔리아조약(The Treaty of Westphalia)을 국가적 경계의 발생 기점으로 상정하는 이른바, '웨스트팔리아 기점설'이 정설로서 수용된다. 이에, 무정부성(anarchy)을 그 근원적 토대(土臺)로 삼고, 전쟁의 방지와 평화의 창출을 그 목적(目的)으로 표방하는 전통적 국제정치학의 기저(基底)에는 국가적 경계가 자리 잡게 된다. 즉, 국가적 경계에 기초하여, 무정부적 국제 체계가 등장하는 것이고, 이 무정부적 국제 체계에 토대하여, 갈등과 전쟁이라는 현실적 이해(利害)가 표출되며, 이 갈등과 전쟁에 기반하여, 협력과 평화의 목적적 지향이 출현하게 되는 것이다. 따라서, 국가적 경계는 국제정치학의 제일원인(第一原因, 根本原因, *prima causa*)으로서 실존하게 된다.

이에, '제1편 국가적 경계의 개념'에서는 국가적 경계의 본질을 '변화(變化)'로부터 추론하여 규명할 것이다. 여기에서는 ① 국가적 경계의 개념, ② 국가적 경계의 특성, ③ 국가적 경계의 전략, 그리고 ④ 국가적 경계의 변화로 귀속되는 주제들을 다룰 것이다. 우선, '제2장 국가적 경

계의 개념: 경계(borders)'에서는 경계의 어의와 border의 의미로 구별하여 국가적 경계 그 자체와 그로부터 도출되는 유관 개념들을 정의할 것이다. 다음으로, '제3장 국가적 경계의 특성: 모순(contradictions)'에서는 물질성과 관념성의 모순, 배제성과 포용성의 모순, 민족성과 종족성의 모순, 민주성과 권위성의 모순, 망각과 기원의 모순 등으로 구별하여 국가적 경계에 내포된 이중적 특성들을 규명할 것이다. 그리고 '제4장 국가적 경계의 전략: 영토성(territoriality)'에서는 영토성의 개념, 영토성의 의의로 구분하여 국가적 경계가 발휘하는 전략적 양상들에 집중할 것이다. 마지막으로, '제5장 국가적 경계의 변화: 지구화(globalization)'에서는 지구화의 개념, 지구화에 대한 경성적 견해, 지구화에 대한 연성적 견해로 구분하여 국가적 경계가 직면한 변화의 진의를 포착할 것이다.

국가적 경계는 지리적으로 관찰(觀察)되는 단순하고도 고정적인 물질적 표상(表象)으로 국한되어 인식될 수 없다. 그것은 내적 변화를 반영한 외적 형식이기 때문이며, 구성(構成)과 구조(構造)의 인과관계가 담지된 결과적 양상이기 때문이다. 즉, 국가적 경계는 사회적으로 사유(思惟)되는 복잡하고도 유동적인 관념적 해석(解析)으로 확장되어 전개된다. 이것은 전통적 국제정치학에서 국가적 경계의 본질과 직결된 논쟁이 이른바, '분석 수준 연구(study level of analysis)'를 중심으로 전개된 사실을 반영한다. 그리고 그 연구의 결과적 양상은 '국가적 분석 수준'과 '체계적 분석 수준'의 명확한 준별, 나아가 체계적 분석 수준의 한계를 지목한 '구조' 기반의 '체계적 분석 수준'으로 도출되게 된다. 즉, 전통적 국제정치학에서의 분석 수준 연구란, 국제정치 현상의 제일원인(근본원인)으로서의 국가적 경계에 대한 관념적 해석과 직결되는 중요한 영역으로 평가될 수 있는 것이다.

이에, '제2편 국가적 경계의 이론'에서는 '분석 수준'이라는 학술적 기제를 통하여 구획된 새로운 국가적 경계의 획정 과정을 고찰할 것이다. 여기에서는 ① 새로운 국가적 경계 연구의 등장으로서의 분석 수준 연구의 토대, ② 새로운 국가적 경계 연구의 전개로서의 분석 수준 연구의 전형(全形), 그리고 ③ 새로운 국가적 경계 연구의 확장으로서의 분석 수준 연구의 변형(變形)으로 귀속되는 주제들을 다룰 것이다. 우선, '제2장 국가적 경계 연구의 등장: 분석 수준 연구의 토대'에서는 '행태주의 운동'에 투영된 학술적 의의와 '일반 체계 이론'에 내포된 학문적 목적을 규명하고 양자 간 상호 정합성의 원리를 파악할 것이다. 다음으로, '제3장 국가적 경계 연구의 전개: 분석 수준 연구의 전형'에서는 행태주의적 체계 기반 연구로부터 도출되는 '국가적 분석 수준'과 '체계적 분석 수준'의 준별, 나아가 체계적 분석 수준의 한계를 지목한 '구조' 기반의 '체계적 분석 수준'을 포착할 것이다. 마지막으로, '제4장 국가적 경계 연구의 확장: 분석 수준 연구의 변형'에서는 '체계적 분석 수준'의 한계를 지목한 '지역안보복합체 이론' 기반의 '지역적 분석 수준'을 이해할 것이다.

국가적 경계의 본질은 변화에 있는바, 외적 형식의 물질적 표상을 관통하는 내적 변화의 관념적 해석은 국가적 경계가 처한 환경에 따라 독특한 방식으로 변천한다. 이와 같은 국가적 경계의 변화는 구체적으로, 체계적 분석 수준에서는 '지구화(globalization)', 지역적 분석 수준으로 수렴되는 구조 기반의 체계적 분석 수준에서는 '유럽연합(EU)', 그리고 국가적 분석 수준에서는 개별 국가의 지방행정체제에 내재하는 행정 구역들의 등장으로 표출된다. 국가적 경계는 다양한 종족, 인종, 종교, 언어 등으로 구별되는 사회적 집단들의 구성적 과정이자 구조적 결과이며, 그들 간 조화의 부재는 갈등과 전쟁의 영속적 원천으로 남게 된다. 이는 특히, 유럽에서 유럽석탄철강공동체(ECSC)의 발족, 유럽경제공동체(EEC)와 유럽원자력공동체(EURATOM)의 출범, 그리고 이에 기한 유럽공동체(EC)의 수립과 유럽연합(EU)의 출현에 이르는 유럽 통합 과정과 그 맥을 같이 한다.

이에, '제3편 국가적 경계의 사례'에서는 국가적 경계의 변화 하에서 가해지는 인류의 노력을 '인터레그(INTERREG)'로 명명되는 '유럽 영토 협력(ETC, the European territorial cooperation)'의 사례에 대한 분석을 통하여 제시할 것이다. 여기에서는 인터레그의 ① 좌표, ② 전략, ③ 정책, ④ 기금, 그리고 ⑤ 사업으로 귀속되는 주제들을 다룰 것이다. 우선, '제2장 인터레그의 좌표'에서는 인터레그라는 연구대상의 실체를 시간과 공간을 척도로 구분하여 파악하고, 이른바 '인터레그 V(2014-2020)'를 주요 연구대상으로 추출한 후, 전략, 정책, 기금, 사업 등 위계적 관계 하에서 그 전모를 확인할 것이다. 다음으로, '제3장 인터레그의 전략: 유럽 2020(the Europe 2020)'에서는 유럽의 10년 단위 경제 전략인 '유럽 2020(the Europe 2020)'과 '인터레그 V(2014-2020)'의 관계를 조망할 것이다. 그리고, '제4장 인터레그의 정책: 유럽 결속정책(the European Cohesion Policy)'에서는 유럽연합이 표방하는 지역정책의 기조인 '유럽 결속정책(Europe Cohesion Policy)'과 '인터레그 V(2014-2020)'의 관계를 서술할 것이다. 또한, '제5장 인터레그의 기금: 유럽 지역개발기금(ERDF, European Regional Development Fund)'에서는 유럽 지역개발기금을 포함하여 총 다섯 가지의 기금들로 구성된 '유럽 구조투자기금(ESIF, the European Structural and Investment Funds)'과 '인터레그 V(2014-2020)'의 관계를 제시할 것이다. 마지막으로, '제6장 인터레그의 사업: 인터레그 V(INTERREG V)'에서는 '인터레그 A, B, C'와 '인터레그 V(2014-2020)'의 관계를 설명할 것이다.

차례

제 **1** 편

국가적 경계의 개념[1]

1   제1편, "국가적 경계의 개념"은 최위정, "국가적 경계의 함의에 관한 연구," 『평화학연구』 19(4) (2018), pp. 237~260에 기초하여 작성되었음.

개관

　'제1편 국가적 경계의 개념'에서는 국가적 경계의 본질을 '변화(變化)'
로부터 추론하여 규명할 것이다. 여기에서는 ① 국가적 경계의 개념,
② 국가적 경계의 특성, ③ 국가적 경계의 전략, 그리고 ④ 국가적 경계
의 변화로 귀속되는 주제들을 다룰 것이다. 우선, '제2장 국가적 경계
의 개념: 경계(borders)'에서는 경계의 어의와 border의 의미로 구별하여
국가적 경계 그 자체와 그로부터 도출되는 유관 개념들을 정의할 것이
다. 다음으로, '제3장 국가적 경계의 특성: 모순contradictions'에서는 물
질성과 관념성의 모순, 배제성과 포용성의 모순, 민족성과 종족성의 모
순, 민주성과 권위성의 모순, 망각과 기원의 모순 등으로 구별하여 국가
적 경계에 내포된 이중적 특성들을 규명할 것이다. 그리고 '제4장 국가
적 경계의 전략: territoriality'에서는 영토성의 개념, 영토성의 의의로 구
분하여 국가적 경계가 발휘하는 전략적 양상들에 집중할 것이다. 마지
막으로, '제5장 국가적 경계의 변화: globalization'에서는 지구화의 개념,
지구화에 대한 경성적 견해, 지구화에 대한 연성적 견해로 구분하여 국
가적 경계가 직면한 변화의 진의를 포착할 것이다.

I

서론

　인간 이성의 총체적 양상을 제시하고, 그에 내재한 순수이성의 작동과 한계를 규명한 칸트(I. Kant)적 관점에서 조망할 때[2], 본 연구의 핵심 주제인 '경계'는 사유(思惟)되는 선험(先驗)적 예지계(睿智界, noumenon)와 인식(認識)되는 경험(經驗, 後驗)적 현상계(現象界, phenomenon) 사이의 지점에 존재한다. 즉, 경계라는 인식 장치는 예지계의 본질인 물자체(物自體, thing in itself)를 현상계의 사물인 물(物, thing)로 전환시킨다. 따라서 근대적 학문으로서의 과학(science), 특히 사회과학의 방법론을 좇아, 경험적 현상계를 선험적 예지계로부터 분리하여 강조한다면, 경계는 인식되는 경험적 현상계의 제일원인(第一原因, 根本原因, prima causa)으로서 등장하게 된다. 즉, 모든 사회과학의 인식 대상은 경계라는 장치를 경유하여 비로소 존재하게 되며, 우리의 인식 체계 내에서 상정되는 모든 관계는 경계로부터 도출된다. 모든 주체와 주체, 주체와 객

2　이에 관해서는 임마누엘 칸트 저, 백종현 역, 『순수이성비판 1』 (서울: 아카넷, 2006); 임마누엘 칸트 저, 백종현 역, 『순수이성비판 2』 (서울: 아카넷, 2006); I. Kant, Kritik der reinen Vernunft (Riga: J. F. Hartknoch, 1781) 등 참조.

체, 객체와 객체는 경계로부터 존립하는 것이다.

이와 같은 논리는 전통적으로 '국가 간 정치' 내지 '국가 간 관계'를 의미하는 국제정치(international politics) 또는 국제관계(international relations)에도 적용되는바, 영토적 경계, 즉 국경에 의하여 비로소 국제정치의 주요 행위자로서의 국가는 존립 가능하게 되고, 이로부터 국가 간 관계는 등장하게 된다. 따라서 무정부성(anarchy)을 그 본원적 토대로 삼고, 전쟁의 방지와 평화의 창출을 그 목적으로 표방하는 전통적 국제정치학의 기저(基底)에는 국가적 경계가 존재하고 있는 것이다. 그럼에도 불구하고, 국가적 경계 그 자체에 관한 연구는 이미 주어진 인식의 틀 내지 고정된 상수로 간주된 채 배제되어 왔고, 학문적 연구의 범위와 대상은 이에 후행하는 양상으로서의 '배타적 주권을 보유한 국가 간 관계'로 설정되어 왔다. 이에, 경계 자체가 변화한다면 혹은 변화해 왔다면, 경계를 변수가 아닌 상수로 상정해 온 학문 체계는 위기에 봉착하게 될 지도 모를 일이다. 경계 자체에 관한 규명은 국제정치학에 있어서 본원적 연구의 지위를 차지한다 하겠다.

인간의 인식 지평(地平)은 확장적 추세를 지속하고 있으며, 그 과정상의 주요 결절(結節) 지점에서 '존재'라는 구체적 형식이 발견되고 규정된다. 우리는 그 과정과 결과를 통칭하여 '변화'라고 칭한다. 본 연구에서는 영토적 경계의 본질을 이와 같은 '변화'로부터 추론하여 규명하고자 한다. 이러한 관점에 기할 때, 경계는 지리적 위치의 변화라는 단순한 물질적 의미에 국한될 수 없다. 그것은 내적 변화를 반영한 외적 형식이기 때문이다. 즉, 외적 형식에 담지(擔持)된 의미들, 나아가 그 의미를 관통하는 함의를 포괄하는 관념적 의미들 역시 시공간에 따라 완전히 상이한 양상으로 변천(變遷)한다. 이에, 경계에는 상호 경합적이고 모순적인 물질적, 상징적 의미들이 내포되는 것이다. 경계의 중요성은 결국 시공간을 관통하여 변천을 거듭해 온 정치적, 사회적 삶의 보편적 조직 원리이자 전략으로서의 '영토성'으로 귀결된다. 따라서 경계는 사회 과학의 특별한 연구 대상으로 부상한다.

이와 같은 경계의 변화는 특히, 냉전의 종식 이후 가속화되고 있는 '지구화', 그리고 이 지구화와 분리 불가능한 현상으로 간주되는 유럽연합, 북미자유무역지대 등과 같은 초국가적 지역의 성장이 목도(目睹)되는 현 시대에 두드러진다. 이에, 시대적 변화에 대하여 철학적으로 사유하거나, 과학적으로 관찰함으로써 그 본질을 규명하려는 다수의 연구 문헌들은 자본, 상품, 정보, 인간이 국경을 횡단하는 유동성의 증가를 고려하여, 기 획정된 영토적 단위로서의 국가의 중요성이 쇠퇴하고 있음을 주장하게 된다. 즉, 국가적 경계 내부에 대한 '폭력수단의 합법적 독점' 논리에 기하여 작동하는 국가권력(통치권)에 의하여 비로소 확보되는 국가적 경계 외부에 대한 독립성의 추구라는 근대 국민 국가의 존립 근거는 사실상 위협받고 있는 것으로 간주된다. 또한, 자연 발생적인 공동체(community)로서의 사회는 그에 기하여 수립되는 특수한 목적을 지닌 인위적 결사체(association)로서의 국가와 절연되고 있는 것으로 가정된다.

본 연구의 핵심 주제로서의 국가적 경계에 관한 연구는 그 근원적이면서도 도구적인 양면적 중요성으로 인하여, 범 학문적으로, 사회과학의 영역 내에서, 특히 국제정치학의 견지에서 지속적으로 개진되어 왔다. 그러나 이에 관한 학계의 일반적인 연구 경향은 목적적 효과성보다는 도구적 효율성에 치중하여, 국가적 경계를 둘러싼 전쟁과 평화 혹은 갈등과 협력에 관한 구체적 사례에 대한 경험적 연구가 지배하는 구조이다. 따라서 상대적으로, 경계의 근원적 중요성에 입각한 연구, 즉 경계 그 자체에 천착(穿鑿)하여 경계의 개념에 대하여 가해지는 본격적인 분석이나 경계에 내장된 본질적인 성격을 규명하려는 시도는 극히 드물며, 특히 국내 학계에서는 거의 전무한 실정이다. 또한, 이와 같은 경계에 기하여 관념적, 물질적으로 창설된 국가성 즉, 주권과 통치권, 영역 혹은 영토 및 국민에 관한 탐구, 그리고 이와 같은 인위적 결사체로서의 국가의 등장으로부터 부각되는 그 이면의 자연발생적인 공동체로서의 사회와 국가의 관계, 나아가 지구화라는 환경의 변화로부터 야기되는 경계 자체의 변화 등을 유기적 관점 하에서 조망하는 연구 역시 미흡한 실정이다.[3]

---

3 다만, 넓은 의미에서, 국내 학계에서 개진된 경계 관련 주요 연구 결과는 다음과 같다. 여기에서 국가적 경계의 구체적 사례에 대한 경험적 연구는 제외된다. 우선, 국제정치학에서는 주로 30년 전쟁과 이 전쟁을 종결한 1648년의 웨스트팔리아조약을 border의 발생 기점으로 규정하는 이른바, '웨스트팔리아 기점설'이 정설로서 수용되어 왔다. 그러나 이 웨스트팔리아조약의 본질적 의미에 대한 새로운 탐구와 평가에의 시도가 활발하게 전개되었고, 이에 대한 주요 연구는 다음과 같다; 김준석, "17세기 중반 유럽 국제관계의 변화에 관한 연구," 『국제정치논총』, 52(3) (2012), pp. 111~139; 이혜정, "웨스트팔리아와 국제관계의 근대성: 러기의 비판적 이해," 『국제정치논총』, 42(2) (2002), pp. 27~44; 전재성, "유럽의 국제정치적 근대 출현에 관한 이론적 연구: 중첩, 복합의 거시 이행," 『국제정치논총』, 49(5) (2009), pp. 7~31. 다음으로, 경계에 기하여 물질적, 관념적으로 창설된 국가성 즉, 주권과 통치권으로 구분된 형태성을 지니는 것으로 상정되는 영토성에 관한 연구는 국제정치학의 핵심 영역으로 간주되어 왔다. 특히, '국가주권의 재성찰'이라는 주제 하에, 서울대학교 국제문제연구소에서 간행한 학술지, 『세계정치』, 25(1) (2004)에 수록된 일련의 기획 논문은 이 부분을 집중적으로 조명하고 있다. 이에 대한 주요 연구는 다음과 같다; 박상섭, "근대 주권 개념의 발전과정," 『세계정치』, 25(1) (2004), pp. 96~122; 김명섭, "탈냉전기 세계질서와 국가주권," 『세계정치』, 25(1) (2004), pp. 18~42; 이혜정, "주권과 국제관계이론," 『세계정치』, 25(1) (2004), pp. 123~157; 전재성, "국가주권의 재성찰," 『세계정치』, 25(1) (2004), pp. 5~17. 마지막으로, 지구화라는 환경의 변화로부터 야기되는 경계 자체의 변화 등을 유기적 관점 하에서 조망하는 연구는 미흡한 실정이나 지구화 혹은 신자유주의적 세계화에 관하여 주목할 만한 최근의 연구를 소개하면

본 연구는 사회적 학문의 특별한 연구 대상으로 간주되어야 할 국가적 경계에 내포된 변화의 맥락을 확인함으로써 그 본질과 함의를 규명하는 것을 목적으로 삼는다. 이에, 그 내용은 일련의 상호 연관된 네 가지의 주제, 즉 ① 국가적 경계의 개념(제1주제), ② 국가적 경계의 특성(제2주제), ③ 국가적 경계의 전략(제3주제), ④ 국가적 경계의 변화(제4주제) 등으로 구성될 것이다. 우선, '제2장 국가적 경계의 개념'에서는 '경계(borders)'를 중심으로 국가적 경계 그 자체와 그로부터 도출되는 유관 개념들을 정의할 것이다. 다음으로, '제3장 국가적 경계의 특성'에서는 '모순(contradictions)'을 중심으로 국가적 경계에 내포된 이중적 특성들을 규명할 것이다. 그리고 '제4장 국가적 경계의 전략'에서는 '영토성(territoriality)'을 중심으로 국가적 경계가 발휘하는 전략적 양상들에 집중할 것이다. 마지막으로, '제5장 국가적 경계의 변화'에서는 '지구화(globalization)'를 중심으로 국가적 경계가 직면한 변화의 진의를 포착할 것이다.

다음과 같다: 민병원, "초국가적 사회운동과 개인의 국제정치: 국가 권위에 대한 도전과 이론적 함의," 『국제지역연구』, 24(1) (2015), pp. 1~33; 서한석, "세계화와 개방의 속도," 『국제지역연구』, 11(1) (2007), pp. 354~373; 안승국, "한국에 있어서 세계화에 대한 국가의 정치 경제적 대응: 신자유주의인가 국가주의인가?," 『세계지역연구논총』, 25(3) (2007), pp. 105~123; 유호근, "세계화의 패러독스: 지역주의의 병존과 심화," 『세계지역연구논총』, 28(3) (2010), pp. 85~106; 이철호, "탈주권거버넌스의 지역정치: 유럽의 신지역주의와 월경지역협력 시스템," 『21세기정치학회보』, 20(1) (2010), pp. 215~236; 홍재우, "세계화의 압력과 정치제도: 합의제민주주의 제도의 역할," 『국제정치논총』, 48(1) (2008), pp. 115~141.

II

국가적 경계의 개념: 경계(border)

인간 사회에 대한 철학적 사유와 과학적 관찰의 주요 대상들을 구획하는 학문의 관점에서, 경계(境界, 영어로는 border, boundary, frontier 등)라는 용어는 다양한 형태로 존재함과 동시에 상이한 방식으로 작동하는 다층적, 다원적 사회 집단들의 한계선을 의미하는 것으로서 모든 언어 문화권에 내재한다. 그러나 경계라는 용어에 내포된 의미는 지구상에 분포하는 여러 언어 문화권 각각을 아우르는 특수한 시간과 공간의 변천에 따라 상이하게 규정되어 왔다. 즉, 우리가 '경계'라고 번역하는 용어들은 각 언어 문화권 별로 상이한 양상으로 존재함과 동시에, 개별 어휘들에는 특수한 의미와 함의들이 내포되어 있다.[4] 특히, 학술적으로 우리가 주로 접해야 하는 영어권의 용어들 중 흔히 경계로 번역

---

4 가령, 독일어권에서는 하나의 용어로 통일되어 있는 반면(grenze), 프랑스어권에는 네 가지의 용어가 있으며(frontière, front, limite, marche) 스페인어권(frontera, marca, limite)과 영어권에서는 세 가지(frontier, boundary, border)의 상이한 형태의 어휘가 있다. 이에 관해서는 J. Anderson and L. O'dowd, "Borders, Border Regions and Territoriality: Contradictory Meanings, Changing Significance," *Regional Studies*, 33 (1999), pp. 593~604 참조.

되는 것들은 ① frontier, ② boundary, ③ border 등이다. 이 용어들은 중복적, 호환적(互換的)으로 활용되는 경우가 많아 개념상의 구별이 요구된다 하겠다. 아울러, 본 연구에서 활용하는 경계라는 한자어는 영어의 용례에서 border와 동일시됨을 우선 밝힌다.

일반적으로, 경계를 선(線)으로 시각화할 때, 세 가지의 용어들 중 frontier는 가장 연하고 둔탁한 의미(모호성)를 지니는 반면, boundary는 가장 진하고 예리한 의미(명확성)를 지니는 것으로 묘사될 수 있다. 당연히, border는 그 사이에 위치한다. 물론 boundary가 범 학문적으로 사회 집단들을 구분하는 용어로 활용될 경우, 개별적 분과 학문, 학파, 학자 별로 상이한 사유방식에 기인한 특수한 해석 준칙상의 차이들로 인하여 논쟁적 어휘의 전형으로 간주되기도 한다. frontier는 영국과 미국의 용례로 다시 구별될 수 있는바, 영국에서는 보다 오래된 어휘인 march[5]와 유사한 의미로서 복수의 통치권이 경합하는 지역과 연관되어 활용된다. 미국에서는 이른바 개척시대의 American frontier이라는 용례에서 확인 되듯이, 미 거주 영토, 즉 비어 있는 영토로서 정착을 위한 이주 지역과 연관된다. 이와는 대조적으로, 대부분의 근대 국민국가들은 비교적 명확한 경계선을 가지는바, 국가적 경계, 혹은 영토적 경계를 지칭하는 용어는 border이다.[6] 이에, 우리는 border를 근대 국민국가와 지구적 국가 체계의 산물인 정치적 분할 혹은 이로부터의 사회적 구

---

5   march는 특히, 영국의 용례에서 the Marches로 표기되어, England와 Scotland, 또는 England 와 Wales 사이의 경계 지역을 의미한다. 이에 관해서는 A. S. Hornby, *Oxford Advanced Learner's Dictionary of Current English, Fifth edition* (Oxford: Oxford University Press, 1995) 참조.

6   비록 경계 지방(border region)이라는 용어에는 frontier에 내포된 의미가 일정정도 수반되지만, 물질적인 지리적 명확성을 척도로 할 때, border는 frontier와 boundary 사이 지점에 위치한다.

성으로 간주한다.

본 연구는 특히 근대 국민국가의 외적 경계로서의 border에 초점을 둔다. 국제정치학에서는 일반적으로 30년 전쟁(Thirty Year's War, 1618~1648)을 국가적 경계 즉, border에 근거한 국가적 형태가 출현한 시원적 사건으로 이해한다. 이에, 이 전쟁을 종결한 1648년의 웨스트팔리아조약(The Treaty of Westphalia)을 border의 발생 기점으로 규정하는 이른바, '웨스트팔리아 기점설'이 정설로서 인정되어 왔다. 웨스트팔리아조약은 스페인제국 합스부르크 왕가의 권력을 결정적으로 축소시키고, 신성로마제국을 구성하고 있던 개별 국가들의 주도권을 인정하였다는 점에서 근대 국민 국가의 외적 형태를 창출한 중세 절대주의 국가의 경계를 인정한 가장 중요한 사건임에는 틀림없으나, 구체적 시점 규정의 문제와 관련된 다양한 논의가 존재하는 것도 사실인바, 1414년 콘스탄츠공의회, 1454년 로디조약, 16세기 전반 근대 자본주의 세계체제의 등장 시기, 1648년 웨스트팔리아조약, 1713년 위트레흐트조약, 18세기 후반 산업혁명과 프랑스대혁명의 이중혁명 발생 시기, 1814년 비엔나회의 등 다양한 시점들이 풍부한 논거를 바탕으로 여러 논자들에 의해 그 척도로서 제시되기도 한다.[7]

상기한 바와 같이, 비로소 17세기 이후 명확하게 설정된 국가적 경계는 이후 양적, 질적으로 팽창하는 지구적 국가 체계 내에서 중대한 요소로 자리매김 한다. 즉, 경계는 개별 국가의 통치권들을 분리하는 사법적(司法的) 한계선의 문제와 직결되고, 이 사법적 한계선의 양 방면에 걸쳐 유동적인 폭을 보유하는 이른바, 변경 지역(邊境 領域, frontier

---

7 전재성, "유럽의 국제정치적 근대 출현에 관한 이론적 연구-중첩, 복합의 거시이행," pp. 7~31.

area)의 문제와 연관되며, 나아가, 강력한 국가권력의 포획 대상으로서의 변방 사회를 일컫는 이른바, 전이 지대(轉移 地帶, zone of transition)의 문제와 관련된다.[8] 역으로, 국가의 외적 경계는 또한 특정 국가의 지방행정체제에 내재하는 행정구역들을 분리하기 위한 내적 경계들과 관련된 프레임이기도 하다. 이와 같은 국가의 외적, 내적 경계는 다양한 민족, 인종, 종교, 언어 등으로 구별되는 여타의 사회 집단들과의 지속적인 상호 작용에 기하여 획정된 결과임과 동시에 그 상호 작용의 현재 진행적 과정인 것이다. 그러나 국가적 경계와 다양한 형태의 사회적 경계들 간 조화의 부재는 갈등과 분쟁, 나아가 전쟁의 영속적인 원천으로 남게 된다.

상기한 바와 같은 사법적 한계, 변경 지역, 그리고 전이 지대의 문제와 관련되는 국가적 경계의 의미는 공히 이른바, 경계 지방(border region)이라는 포괄적 용어로 수렴됨과 동시에 이로부터 초경 지방(超越 地方, cross-border region)이라는 또 다른 의미의 포착으로 확산된다. 즉, 경계 지방이란 형식적으로는 국가의 외적 경계에 인접한 지역 혹은 외적 경계의 양 방면에 걸쳐 있는 지역을 의미하는 것이나, 실질적으로는 그 중심이 물리적, 사회적 측면에서 국가적 경계로부터 유리된 별도의 지역을 의미한다. 그 적절한 사례로는 이베리아 반도의 바스크 지방(Basque Country)을 거론할 수 있는바, 프랑스 남부의 바스크 지방과 이에 인접한 스페인 북부의 바스크 지방은 각 국가의 비협력적, 상대적 이

---

8   이 전이 지역은 전 근대 국가 및 그 국가들의 변경 사회(frontier societies)에서 전형적으로 발견된다. 이에 관해서는 R. Bartlett and A. Mackay, *Medieval Frontier Societies* (Oxford: Clarendon Press, 1989) 참조.

득의 관점에서는 개별적 경계 지방임과 동시에, 양 국가의 협력적, 절대적 이득의 관점에 기한 양해 하에서는 공동적 종족민족주의(ethno-nationalism)에 기반을 둔 독자적 초경 지방을 구성한다.[9]

특히, 유럽에서는 초경 지방의 수효가 증가함에 따라 그 중요성이 강조되어 왔고, 이에 대한 보장은 유럽석탄철강공동체(ECSC, European Coal and Steel Community)의 발족, 유럽경제공동체(EEC, European Economic Community) 및 유럽원자력공동체(EURATOM, European Atomic Energy Community)의 창설, 유럽공동체(EC, European Communities)의 성장, 유럽연합(EU, European Union)의 출현에 이르는 약 40여 년에 걸친 유럽 지역의 경제 발전 및 사회 통합 과정과 그 궤를 같이 한다.[10] 오늘날 초경 지방은 유럽연합의 투자를 통한 이익 확보(경제 발전) 및 국가적 경계에 대한 통제의 폐지(사회 통합)를 목적으로 삼는 제한적이고도 일시적인 협력의 실체로 간주된다.[11] 이 초경 지방들은 미국과 멕시코의 경계나 유럽의 동서 냉전의 경계처럼, 양자의 비대칭적인 경제적, 정치적, 이념적 체계가 병존할 경우, 이에 대한 관할의 필요

---

9   이에 관해서는 F. Letamendia, M. Uranga and G. Etxebarria, "Astride Two States; Cross-border Co-operation in the Basque Country," in L. O'dowd and T. Wilson (eds.), *Borders, Nations and States* (aldershot: Avebury, 1996), pp. 91~116 참조.

10 이에 관해서는 J. Anderson and J. Goodman, "Regions, States and the European Union: Modernist Reaction or Postmodern Adaption?," *Review of International Political Economy*, 2(4) (1995), pp. 600~631 참조.

11 이에 관해서는 M. Perkmann, "Building Governance Institutions Across European borders," *Regional Studies*, 33 (1999), pp. 657~667; A. Church and P. Reid, "Cross-border Co-operation, Institutionalization and Political Space Across the English Channel," *Regional Studies*, 33 (1999), pp. 643~655; S. Krätke, "Regional Integration or Fragmentation? The German-Polish Border Region in a New Europe," *Regional Studies*, 33 (1999), pp. 631~641 등 참조.

성으로 인하여 구성된 것이다.[12] 이와 같은 초경 지방에는 국가적 경계 간의 조화라는 표면적 이유의 배후에 독자적인 문화적 통일성이 담지되어 있다.

마지막으로, 국가적 경계의 개념과 관련하여 중요성을 갖는 용어로서의 경계 변화(border change)에 내포된 의미에 주목해야 할 것이다. 경계 변화란 '무(無)에서 창조된 유(有)', 그리고 '유(有)에서 도출된 유(有)'라는 양자의 논리 하에서 포착되는 국가적 경계와 관련된다. 새로운 경계의 창출이라는 전자의 시각에 기할 때, 경계 변화는 소련 붕괴에 이은 새로운 독립 국가들의 출범 과정에서 목도된 바 있고, 경계의 변형이라는 후자의 관점에 기할 때, 경계 변화는 독일의 통일이라는 경계의 재배치 과정에서 발견된 바 있다.[13] 또한, 위에서 거론한 바스크 지방의 사례를 포함하여, 전 지구적으로 전개되고 있는 여러 분리 독립 운동의 양상들은 국가적 경계가 미확정된 지리적 범주에 대한 지속적 성찰의 계기가 되고 있음과 동시에, 경계 변화를 학술적, 정치적 의제로 상정하는 데에도 기여하고 있다. 특히, 지구화라는 변수의 가공할만한 확장적 추세는 기존의 경계 변화에 새로운 의미를 부가하고 있다. 지구화의 가속화가 국가적 경계의 물리적 위치 변경의 측면에서 즉각적 의미를 가지는 것은 불가능할 것이나, 지구화로 인한 초국가적 실체들의 등장 및 하부 국가적 실체들의 등장이 야기한 경계 변화는 주목할 만한 현상으로 전개되고 있다.

---

12 이에 관해서는 A. Paasi, "Boundaries as Social Practice and Discourse: The Finnish-Russian Border," *Regional Studies*, 33 (1999), pp. 669~680; S. Krätke, "Regional Integration or Fragmentation? The German-Polish Border Region in a New Europe," pp. 631~641 등 참조.

13 이에 관해서는 T. Forsberg, "Beyond Sovereignty, within Territoriality: Mapping the Space of Late-modern (Geo)Politics," *Cooperation and Conflict*, 31(4) (1996), pp. 355~386 참조.

III

국가적 경계의 특성: 모순(contradictions)

　이상의 논의에서 우리는 용어에 내포된 국가적 경계의 개념적 의미와 그로부터 도출되는 관련 개념들, 즉 변경 지역, 전이 지대, 경계 지역, 횡경 지방, 경계 변화 등에 내포된 의미들을 규명해 보았다. 여기에서는 이와 같은 경계 및 그 관련 개념들에 투영된 의미로부터 개진되는 국가적 경계의 특성에 관하여 고민해 보고자 한다. 그리고 그 특성을 규정하는 결정적인 변수는 경계 그 자체에 내포된 이중적 함의로부터 도출되는 이른바, 모순(矛盾, contradictions)으로 상정된다. 경계의 개념화는 기본적으로 경계 그 자체에 응축된 내적 논리와 외적 논리의 동시적 포착으로부터 시작될 수 있다. 그리고 이로부터 진행되는 개념화 과정은 이와 같은 내적 논리와 외적 논리의 병립(竝立)으로 귀결되는바, 문제가 되는 것은 그 병립을 규정하는 특성의 발견이 된다. 따라서 우리는 모순으로 지칭되는 경계의 특성을 파악해야 할 것이다.

　본고에서 견지하고 있는 국가적 경계에 대한 비판적 검토의 지향(志向)은 현상의 이면에 존재하는 경계의 본질적 양상에 대한 면밀한 추론과 확인을 통하여, 실용이라는 미명 하에 추구되는 이론적 경제성 (theoretical parsimony)의 도모, 그리고 이에 기하여 확보되는 정치적 정당성의 수립, 나아가 이를 담보로 진행되는 국가적 경계의 설정과 재설정의 과정에 대한 도전인 것이다. 이에, 경계는 본질적으로 다면적이고 다층적이며, 모순적이고 문제적인 대상으로 간주되어야 한다. 보다 구체적으로, 경계는 개방임과 동시에 폐쇄이고, 기회임과 동시에 위기이며, 연속임과 동시에 단절이고, 협력임과 동시에 갈등이며, 평화임과 동시에 전쟁인 것이다. 즉, 국가적 경계는 그 자체로 해방이자 구속의 공간이며, 변화 불가능한 폐쇄적 정체성이자 변화 가능한 개방적 정체성의 공간인 것이다. 핵심은 경계에 대한 이와 같은 이분법적 논리가 특정의 동일한 사회적 공동체와 그에 기한 국가적 결사체 내에서 양립 가능하다는 사실이고, 따라서 당해 사회와 국가의 구성원들은 필연적으로 양자택일의 당위성이 아닌, 양자병립의 존재성을 있는 그대로 인정해야만 한다는 사실인 것이다.

우선, 국가적 경계는 물질성과 관념성을 동시에 내포하고 있다.[14] 경계는 한편으로, 베를린 장벽이라는 실체적 건축물의 설정과 해체라는 경험으로부터 확인되는 바와 같이, 감각에 기한 구체적인 현상적 물질성을 보유하고 있다. 다른 한편으로, 경계는 유혈 낭자한 투쟁적 역사의 봉인(封印)이라는 사유로부터 추론되는 바와 같이, 이성에 기한 추상적인 역사적 관념성을 담지(擔持)하고 있다.[15] 이때, 국가적 경계는 특

---

14 이에 관해서는 A. Paasi, "Boundaries as Social Practice and Discourse: the Finnish-Russian border," pp. 669~680; J. Anderson and J. Goodman, "Regions, States and the European Union: Modernist Reaction or Postmodern Adaption?," pp. 600~631 등 참조.
15 이에 관해서는 J. Rupnik, "Europe's New Frontiers: Remapping Europe," *Dacdalus*, 123(3)

정 사회적 공동체 및 이에 기하여 수립된 국가적 결사체가 보유한 영역의 한계선을 표시하는 기능을 수행하게 된다. 유감스러운 점은, 많은 연구들이 특정 사회의 구성원으로서의 인민 및 이에 기하여 상정된 국가의 구성원으로서의 국민들은 필연적으로 동일성을 추구하는 결과적 존재, 나아가 완전히 동화된 일체적 존재라는 오도된 가정을 도출하고 이에 입각해다는 사실이다. 그러나 국가적 경계의 지리적 설정이라는 단순한 표면적 도식화 작업의 이면에는 매우 복잡다기한 경제적, 정치적, 사회적 투쟁에 대한 조정과 중재의 과정이 노정되어 있음을 상기해야만 한다.[16] 즉, 국가적 경계에는 현상적 물질성과 역사적 관념성의 모순이 그대로 노정되어 있는 것이다.

다음으로, 국가적 경계는 배제성과 포용성을 동시에 내포하고 있다. 경계는 한편으로, 국가건설과 국민통합의 과정에서 인위적으로 의제(擬制)된 중심부(center)의 순수성을 유지하기 위한 분리와 방어의 주변부(periphery)이다. 다른 한편으로, 경계는 활발한 침투와 전이가 가능한 고도로 가변적인 투과성과 다공성(多孔性)을 지닌 주체와 객체 사이의 여과장치이다. 이때, 비록 국가적 경계가 지리적으로 중앙 정부로부터 원거리에 위치한다 하더라도, 물리적 취약성이 노정될 수밖에 없는 경계에 대한 중앙 정부의 통제는 역설적으로 가장 강력하게 작동할 수 있는 것이다. 말하자면, 경계란 주로 베를린 장벽으로 상징화되는 바와 같이 국가가 보유하는 배타적 영토 주권이 견고하게 주장되고 옹호되는 실체적 대상인 것이다. 국가적 경계는 자신의 의지에 저항하는 사회적, 국가

(1994), pp. 91~114 참조.

16 이에 관해서는 J. Anderson and L. O'dowd, "Contested Borders: Globalization and Ethno-national Conflict in Ireland," *Regional Studies*, 33(7) (1999), pp. 681~696 참조.

적 구성원들을 강제하고 거세(去勢)하며, 제한하고 배제한다. 그러나 경계는 역으로, 순응하는 구성원들에게는 무한한 자비(慈悲)를 제공하며, 허용하고 포용한다. 결국 구속이자 해방으로서의 경계는 구성원들에 대한 억압을 촉진하거나 도피를 제공하는 기제가 된다. 즉, 국가적 경계에는 제한적 배제성과 허용적 포용성의 모순이 그대로 노정되어 있는 것이다.

그리고, 국가적 경계는 민족성과 종족성을 동시에 내포하고 있다. 경계는 한편으로, 민족주의라는 일종의 신화적 이데올로기에 기하여 확립되는 근대 국민국가의 통치권의 한계와 직결된다. 다른 한편으로, 경계는 국가 건설과 국민 통합을 위하여 동원된 민족주의라는 기제에 의하여 전적으로 귀속되지 못하는, 혹은 역으로 민족주의라는 이데올로기적 장치에 의하여 오히려 그 존재가 가시화되는 종족민족주의의 부상(浮上)과 연결된다. 이때, 국가적 경계가 비록 '민족을 단위로 조직된 사회'[17] 위에 수립되어 결국 '사회 구성원 모두로부터 분리된' 채 그 '사회의 곁과 위에 확립된 특수한 공적 권력체'[18]로서의 국가에 내장된 통제성에 근거한다 하더라도, 그 통제성은 결국 실존하는 종족적, 문화적, 종교적 집단에 대한 허용의 필요에 직면할 수밖에 없는 것이다. 그리고 이 문제에 대한 유일한 국가적 처방이란 장벽을 강화하는 것, 즉 세계로부터의 차단이나, 그러한 방식은 유의미한 작동을 보장하지 않는다. 따라

---

17 시에예스(A .E. J. Sieyès)에게 있어서 국가를 창설하는 시원적 권력 주체르서의 제헌권력자란 민족(nation) 단위로 조직된 인민(peuple)의 선험적 의지이다. 이에 관해서는 A .E. J. Sieyès, *Qu'est-ce que le Tiers-État?* (Paris, 1789) 참조.

18 이에 관해서는 김세균, "제6장 국가론," 서울대학교 교수 공저, 『정치학의 이해』 (서울: 박영사, 2002), pp. 140~198 참조.

서 그 모순에 대한 해법은 필연적으로 문호를 개방하고 경계가 지닌 장벽으로서의 기능을 제거할 것을 요구한다. 즉, 국가적 경계에는 통제적 민족성과 허용적 종족성의 모순이 그대로 노정되어 있는 것이다.

또한, 국가적 경계는 민주성과 권위성을 동시에 내포하고 있다. 경계는 한편으로, 대의제로 표명되는 근대적 민주주의의 우월성과 그 제도적 정착의 당위성이라는 표준화된 논리를 요구한다. 다른 한편으로, 경계는 이른바, '민주주의에 의한 평화'라는 기치에 내장된 목적으로서의 결과 이면에 존재하는 '민주주의를 위한 전쟁'이라는 과정으로서의 수단의 문제를 부각시킨다.[19] 이때, 전자와 후자 사이에서 발견되는 모순적 긴장 관계는 역사적 시공간의 대부분을 차지하고 있다. 이것은 이른바, '기원의 역설(the paradox of origins)'과 '망각의 정치(the politics of forgetting)'로 개념화된다. 즉 대의제로 표상되는 근대적 민주주의의 기원은 일반적으로 비민주적이고, 비민주적 폭력성은 근대적 민주주의의 정당화를 위하여 망각될 필요가 있는 것이다.[20] 민족주의라는 근대적 특수성과 결합한 민주주의, 그리고 이에 기한 제도적 총체로서의 대의제는 그것이 추구되고, 표방되어, 수립되고, 작동할 때까지 민주주의를 적으로 규정하게 된다. 이와 같은 논리는 외부 세력에 의한 새로운 영토의 개척 및 내부 세력에 의한 영토적 경계의 획정을 망라하여 국가적 경

---

19 이른바, 민주평화론 (民主平和論, democratic peace theory)으로 구체화되는 이와 같은 논리에는 결과 혹은 목적으로서의 평화와 과정 혹은 수단으로서의 폭력 간 상호 모순적 긴장관계가 발견된다. 그리고 이와 같은 모순의 이면에는 국민 국가의 생존, 나아가 이익의 문제가 내재하고, 그 본질은 자본주의로 환원되는 근대성인 것이다. 따라서 민주평화론이 비록 그 이론적 토대를 I. Kant의 영구평화론으로부터 빌어 온 것이라 강변 할지라도, 그 자체가 개별적 국가 이익이라는 이데올로기로부터 완전히 자유로울 수는 없는 것이다.

20 이에 관해서는 W. E. Connolly, "Democracy and Territoriality," *Millenium*, Winter (1991), pp. 463~483 참조.

계의 창출과 변형의 전 과정을 관통하고 있다. 즉, 국가적 경계에는 평화적 민주성과 폭력적 권위성의 모순이 그대로 노정되어 있는 것이다.

결국, 국가적 경계에 대한 논쟁은 현존하는 쟁점이자 결코 '망각'될 수 없는 바로 그 '기원'으로 수렴된다. 가령, 1801년 잉글랜드의 아일랜드 합병 이후, 북아일랜드를 무대로 2세기 넘게 전개되어온 국가적 경계의 영토적 정당성을 둘러싼 투쟁은 일방의 부인과 타방의 인정으로 구분된다. 그러나 아일랜드와 잉글랜드 양방은 공히 자파의 노고가 민주주의를 위한 위대한 투쟁임을 역설해 왔다. 즉, 양측은 과거의 경계가 비민주주의적인 기원을 가지는 것처럼, 미래의 경계 역시 민주주의적 절차에 의해 기원될 수 없다는 전제에 입각해 있는 것이다. 민주주의의 작동을 위한 영토적 토대의 확보를 위한 투쟁이 당면 과제이기 때문이다. 이처럼 국가적 경계를 둘러싼 갈등은 근본적으로 누가 제헌권력자(制憲權力者)가 될 것인가, 보다 구체적으로, 대의제로 표명되는 근대적 민주주의의 관점에서 말하자면, 최초의 영토에서 선거를 조직하는 자는 누구인가의 문제인 것이다. 그리고 이 난제를 극복하기 위한 방안은, 그것이 비록 이상적일지라도, 국가적 경계를 가로지르는 분쟁의 영합게임(zero-sum game)적 성격을 완화하기 위한 보다 복합적인 초국가적 협치의 형태를 요구한다.

VI

국가적 경계의 전략: 영토성(territoriality)

　'존재(경험적 측면)'와 '당위(규범적 측면)'의 엄격한 분리라는 인식론을 토대로, '국가 양면설(사회학적 국가 개념과 법학적 국가 개념의 양립)'을 주창하고, 양자의 관계를 이른바, '사실적인 것의 규범력'으로 종합화한 옐리네크(G. Jellinek)적 관점에서 조망할 때,[21] 영토성(territoriality)은 각별한 의미를 지닌다. 즉, 존재 영역에서의 거주지는 당위 영역에서 '국가 영토'의 개념으로, 존재 영역에서의 인민은 당위 영역에서 '국가 국민'으로, 존재 영역에서의 영향력은 '국가 권력'으로 변환된다. 이때, 이른바 국가 구성 3요소(국가 영토, 국가 국민, 국가 권력)로 지칭되는 세 가지의 개념 사이에서 국가 영토는 특수한 지위를 점한다. 옐리네크에게 있어서 "국가단체가 존립하는 토지를 그 법적 측면에서 칭하면, 국가 권력이 그 특수한 행위, 즉 지배 행위를 개진할 수 있는 장소를 의미 한다." 즉, 국가 영토의 존재를 통해 비로소 국가 권력의

21　이에 관해서는 게오르그 옐리네크 저, 김효전 역, 『일반국가학』 (서울: 법문사, 2005); G. Jellinek, *Allgemeine Staatslehre* (Berlin: O. Häring, 1900) 등 참조.

지배 대상으로서의 인간이 결정된다. 한편으로, 국가 영토 위에 정착한 인간은 국가 국민의 자격을 획득함으로써, 국가의 법적 주체가 되고, 다른 한편으로, 국가 영토 위의 인간은 국가 국민의 자격 획득 여부를 떠나 공히 국가 권력의 객체가 되는 것이다.

영토성(territoriality)이란 보편적 목적을 추구하는 근대 국민 국가가 지면(地面)의 특정 영역, 즉 영토를 지배함으로써, 당해 영역의 인적, 물적 자원에 대하여 직접적 강제력과 간접적 영향력을 행사하기 위한 특수한 대(對) 공간 전략을 일컫는다. 이와 같은 영토성의 개념화에 있어서의 핵심은 '근대' 국민 국가의 대 공간 '전략'이라는 점에 있다. 우선 '근대'와 관련하여, 근대적 상부구조로서의 정치영역과 그 구체적 양상으로서의 국민 국가는 기본적으로 특정 영역에 대한 '배타적 주권'을 향유하게 되는바, 이는 30년 전쟁을 마감한 1648년의 웨스트팔리아조약 이후 중대한 역사적 개념으로 포착된 '국가적 경계'의 발원과 직결된다. 명확한 국가적 경계의 획정에 의해 비로소 영역 내부와 외부의 구별이 이루어지고, 그 내부에 대한 국민 국가의 배타적 주권 개념은 등장하게 된다. 다음으로 '전략'과 관련하여, 근대적 상부구조로서의 정치영역은 근대적 하부구조로서의 경제영역과 그 구체적 양상으로서의 자본주의 생산양식에 기하여 수립, 작동되는바, 영토를 담보로 전개되는 국민 국가의 전략이란 기본적으로 자본주의 생산양식의 논리, 즉 경제적 자유주의에 기한 사적 자본의 축적을 지향하게 된다.[22]

---

22 이때, 사적 자본의 축적은 필연적으로 불평등을 심화시키는 경향성을 내포하게 된다. 그러나 이와 같은 불평등의 구조 속에서 자본주의 생산양식의 지속은 불가능하게 되고, 정치적 민주주의에 기한 공적 자본, 즉 사회적 자본의 축적 논리가 부상하게 된다. 따라서 '근대' 국민 국가의 대 공간 '전략'은 하부구조에 기한 경제적 자유주의와 상부구조 고유의 정치적 민주주의 사이의 끊임없는 모순적 상황 속에 내재하게 된다.

이와 같이 근대 국민 국가가 표방하는 특수한 전략으로서의 영토성은 국가가 추구하는 보편적 목적에 기한 인적, 물적 자원의 활용을 위하여 영토를 통제하는 강제적 양상으로 포착된다. 즉, 전략으로서의 영토성은 국가적 경계의 획정을 통하여 비로소 확정되는 당해 영토에 대한 내부적, 외부적 접근을 통제함으로써 발휘된다.[23] 이때, 영토성은 근대 국민 국가의 보편적 통치 과정에서 등장하는 다양한 개별적 쟁점들을 단순화시키고, 그 국가에 의해 규정되는 상징적 표식(標式)들에 대한 용이한 이해를 제공하는 역할을 수행하게 된다. 영토성은 국가의 영토적 경계에 대한 특정한 통제의 양상을 규정하고 주장함으로써, 그 기저를 구성하는 사회적 제 공간들의 분류를 위하여, 나아가 그러한 분류를 통하여 부각되는 다양한 사회적 경계들과의 소통을 위하여 사회 구성 요소들을 강제하거나 통제하기 위한 지리적 공간의 적극적 활용과 직결된다. 그러므로 영토성은 필연적으로 경계를 생산하고, 경계에 집중한다. 영토성은 근대적 주권(sovereignty)을 보유한 영토적 국민 국가 내에서 구현되고, 그러한 국가적 경계 내부에서 외부적 간섭으로부터의 배타적 주권을 주장하는 국가 체계에 토대를 제공하는 것이다.

특수한 전략으로서의 영토성은 특히 국가적 경계와 관련될 경우, 사회적 과정에 개입하여 독단적 분열과 파괴를 자행한다. 즉, 영토성은 통제를 도모하기 위하여 국가 권력을 구체화하고, 사회적 관계를 비인격화 하며, 사회적 실재를 과도하게 단순화함으로써 그 실체를 왜곡시킨다. 통치 명분의 공고화를 위한 진위(眞僞), 선악(善惡), 미추(美醜)의

23　이에 관해서는 R. Sack, *Human Territoriality: Its Theory and History* (Cambridge: Cambridge University Press, 1986) 참조.

전략적 구별 이전에, 이미 영토성은 적아(敵我)의 구별[24]을 통하여 그 자체에 적대성을 야기하는 확연한 경향성을 내포함으로써, 본질적으로 갈등적 양상을 내포하게 된다.[25] 국가적 경계는 상기한 바와 같이 그 자체적으로, 갈등의 근원이 되는 '타자(the others)'를 강조하는 특정의 관행과 담론을 통하여 항구적으로 유지되고, 사회적으로 재생산될 필요성을 취득하게 된다. 일반적으로 영토는 고정되고, 한정된 물질적 총량을 보유하고 있기 때문에, 이에 근거한 영토성은 경계적 갈등의 특징적 양상인 영합게임을 적극적으로 조장하게 된다.[26] 이와 같은 속성에

---

24 슈미트(C. Schmitt)에게 있어서 "정치적인 행동이나 동기의 원인으로 여겨지는 특정한 정치적 구별이란 적과 동지의 구별이다. 이 구별은 규준이라는 의미에서의 개념 규정을 제공하며, 빠짐없는 정의(定義) 내지 내용을 제시하는 개념 규정은 아니다. 다른 규준들로부터 도출되지 않는 한, 정치적인 것에 대한 이러한 구별은 도덕적인 것에서는 선과 악, 미학적인 것에서는 미와 추 등 다른 대립에서 보여 지는 상대적으로 독립적인 규준들에 대응한다. 여하튼 이 구별은 새로운 고유영역이라는 의미에서가 아니라, 그것이 앞서 말한 하나 또는 몇몇 대립들에 근거하지도 않으며, 또한 그것들에게 귀착시킬 수도 없다는 방식에서 독립적이다. 선악의 대립이 그대로 간단히 미추 또는 이해의 대립과 동일시되지 않고, 또한 곧바로 그와 같은 대립으로 환원하는 것이 허용되지 않는다면, 적과 동지의 대립은 더구나 이러한 대립들과 혼동하거나 동일시해서는 안 된다. 적과 동지의 구별은 결합 내지 분리, 연합 내지 분열의 가장 강도 높은 경우를 나타낸다는 의미를 가지며, 상술한 도덕적, 미학적, 경제적 또는 다른 모든 구별을 그것과 동시에 적용하지 않아도 이론적으로나 실천적으로 존립할 수 있다. 정치상의 적이 도덕적으로 악할 필요는 없으며, 미학적으로 추할 필요도 없다. 경제적인 경쟁자로서 등장해야 하는 것도 아니며, 어쩌면 적과 거래하는 것이 오히려 유리하게 보일 수도 있다. 적이란 바로 타인, 이방인이며, 그 본질은 특히 강한 의미에서 낯설고 이질적인 존재라는 것으로 족하다. 따라서 극단적인 경우에는 적과의 충돌이 일어날 수 있으며, 이 충돌은 미리 규정된 일반적 규정에 의해서도, 또한 '국외적이고' 따라서 '공정한' 제3자의 판결에 의해서도 해결될 수 없다."; 이에 관해서는 카를 슈미트 저, 김효전, 정태호 역, 『정치적인 것의 개념』 (서울: 살림, 2012); C. Schmitt, *Der Begriff des Politischen* (Berlin: Duncker & Humblot, 1931) 등 참조.

25 이에 관해서는 A. Paasi, "Boundaries as Social Practice and Discourse: The Finnish-Russian border," pp. 669~680; J. Anderson and L. O'dowd, "Contested Borders: Globalization and Ethno-national Conflict in Ireland," pp. 681~696 등 참조.

26 이에 관해서는 J. Anderson and I. Shuttleworth, "Sectarian Demography, Territoriality and Political Development in Northern Ireland," *Political Geography*, 17(2) (1998), pp. 187~208 참조.

기하여, 전략으로서의 영토성은 영토 그 자체와 관련된 다양한 비영토적 통제의 대상들을 필요로 하게 된다. 그리고 그러한 대상들은 지구화(globalization) 현상과 함께 점증하는 추세에 있는 것이다.

그러나 영토적 공간을 조직화 하고 횡경계적 관계를 구체화하는 능력은 현 지구적 국가체계 내에서 여전히 국가 권력의 핵심 요소이다. 이와 같은 관점에서, 국가 이주 통제에 의해 그들의 이동이 제한되는 대다수의 노동자들에 비해 자본과 투자를 통제하는 자들은 결정적으로 우월한 위치를 차지하게 된다. 즉, 자본은 보다 저렴한 노동력을 찾아 임금 사다리의 높은 곳에서 낮은 곳으로 이동하려 하는 반면, 노동자들은 보다 나은 노동 조건을 찾아 임금 사다리의 낮은 곳에서 높은 곳으로 이동하려 한다. 그런데 이 과정에서 자본은 비교적 자유롭게 하향이동을 하지만, 노동자들의 상향이동은 국경선마다 엄격한 통제를 받게 된다.[27] 또한, 이념, 민족, 인종, 언어, 종교, 성별 등의 사회적 표식들과 더불어 기술력 및 여타의 자원들에 대한 접근 권한은 모두 횡경계적 능력에 영향력을 행사하게 된다. 특히, 산업화된 세계에서 빈자와 백인이 아닌 자들이 국가적 경계를 횡단하기란 매우 어려운 일이다. 사실, 유럽연합 내에서 보다 강화된 이주 및 정치적 망명 정책들에 대한 합의의 증가는 발칸 지역의 경계를 따라 집중되는 난민의 사례에서 확인되듯이, 권력과 통제의 발휘 수단인 영토적 경계의 항구적 중요성을 증명한다.[28]

---

27 이에 관해서는 강수돌, "제8장 세계화와 인간노동," 김윤태 외 공저, 『세계의 정치와 경제』(서울: 한국방송대학교출판부, 2011), pp. 127~150 참조.
28 이에 관해서는 T. Bunyan (ed.), *Statewatching the New Europe* (London: Statewatch/Unison, 1993); R. Miles and D. Thranhardt (eds.), *Migration and European Integration* (London: Frances Printer, 1995) 등 참조.

그러나 제3장, '경계의 특성'에서 제시한 바와 같이, 국가적 경계의 특성을 규정하는 결정적인 변수는 경계 그 자체에 내포된 이중적 함의로부터 도출되는 이른바, 모순으로 상정된다. 따라서 강압과 통제를 의미하는 것과 반대로, 국가적 경계는 동시에 권한의 이양과 포용을 상징한다. 이에, 근대 국민 국가가 표방하는 특수한 전략으로서의 영토성은 이념, 민족, 인종, 언어, 종교, 성별 등과 같은 여타의 사회적 표식들에 비하여 보다 포용적인 민주주의적 시민권의 토대를 제공하기도 한다. 국가적 경계의 제도(製圖)와 영토의 확정은 본질적으로 내적 균질화(均質化)라는 국가적 과제를 해결하기 위한 동력을 발생시킨다. 그러나 이와 같은 영토 기반의 동력은 스스로 한계를 가지는바, 특히 경계 지역에서 국가적 경계 획정 이전부터 존립해온 사회적 실체와 이에 기하여 등장하는 새로운 경계에 대한 적대적 영토의식, 그리고 그 표출을 위한 사회 운동 조직들의 출현 등에 근거한 저항적 동력에 직면하게 된다. 따라서 획정된 경계는 국가에 의해 독점되지 아니한 보다 개방된 경계, 그리고 횡경계적 관계에 입각한 다문화적, 다차원적 정체성의 발전 조건들을 창출하게 된다.

상기한 바와 같은 순차적 논의 구조, 즉 국가적 경계의 개념으로서의 국경, 국가적 경계의 특성으로서의 모순, 국가적 경계의 전략으로서의 영토성은 결국 국가적 경계의 변화로서의 지구화의 문제로 귀결된다. 즉, 국가적 경계의 전략으로서의 영토성은 다음과 같은 질문에 봉착하게 된다. 국가적 경계는 현재 역사적 변화를 경험하고 있는가, 그렇다면 그 역사적 변화는 어느 정도의 규모로 진행되고 있는가, 그리고 제3장, '경계의 특성'을 관통하는 이른바, 모순의 관점에서 볼 때, 현행의 지구화는 국가적 경계에 대한 포용적 측면과 배제적 측면을 동시에 지지하는 것으로 이해될 수 있는가 등의 문제인 것이다. 국가적 경계의 함의에 관한 전반적인 논의 구조 속에서, 비록 영토성과 지구화는 논리상 직결되어 있는 주제이기는 하나, 영토성에 비할 때, 지구화 논의는 내부적으로 대립적 경합에 직면해 있다. 즉, 지구화는 그 개념 자체에 압도적인 역사적 의미가 부여되어 있는 반면, 결코 응집력을 갖춘 거대서사(巨大敍事)를 구성해 내지는 못하고 있다. 과연 국가적 경계는 현존하는 지구화와의 접속을 피할 수 있는가?

V
국가적 경계의 변화: 지구화(globalization)

　　지구화라는 용어는 아민(A. Amin)에 의하여 '전 지구적 범위에 걸쳐 진행되는 연쇄적인 정치, 경제, 사회, 문화적 활동의 양적 증가'이자 '국 가와 사회 간 상호작용 및 상호관계 수준의 질적 증강'[29]으로 개념화됨 으로써, 그를 둘러싼 다층적이고도 다면적인 논쟁적 과정들이 망라된 다. 즉, 지구화라는 미증유의 가속(加速)적 현상을 목도하는 가운데 개 진되어 온 활발한 논쟁들은 근대 국민 국가와 국가적 경계의 미래, 나 아가 지구적 국가 체계 내에서의 국가 중심성의 상실 여부 등의 논점들 과 밀접한 관련성을 지닌다.[30,31] 거시적 관점에서, 국가적 경계와 영토성

29　이에 관해서는 A. Amin, "Placing Globalization," *Theory, Culture and Society*, 14(2) (1997), pp. 123~137 참조.

30　이에 관해서는 J. Anderson, "The Exaggerated Death of the Nation State," in J. Anderson, C brook, and A. Cochrane (eds.), *A Global World?: Re-ordering Political Space* (Oxford: Oxford University Press, 1998), pp. 65~112 참조.

31　국가의 영토적 경계를 그 논의의 출발점으로 삼는 연구의 견지, 즉 '연성적 견해'에서 관망할 때, 지구화는 상호 연관된 두 가지의 경향성에 입각하여 진행되고 있다. 하나는, 지구화에 대한 국가 적 경계의 완고한 저항적 특징들과 유연한 적응적 양상들을 구별해내는 흐름이고, 다른 하나는, 국가적 경계의 내적 영역, 즉 경제, 정치, (시민)사회 영역 사이에서 발생하는 영토적 조화의 결여 (缺如)적 양상을 포착해내는 흐름이다.

에 부여된 의의를 척도로 삼을 때, 지구화 테제에 대한 논의의 시각은 이른바, 국가적 경계에 대한 배제의 논리에 근거한 '경성(硬性)적 견해'와 국가적 경계에 대한 포용의 논리에 입각한 '연성(軟性)적 견해'로 양분될 수 있다. 각각의 견지(見地)에는 상이한 설명들이 존재하고, 그 설명들 간에는 일정 정도의 중첩성이 내재하며, 그것들은 또한 사회적 삶의 영역들, 즉 경제, 정치, (시민)사회적 특수성과 각 영역 간 상호관계가 개념화되는 방법 등에 대하여 학파 별 상이성에 기한 교차 국면이 연출된다. 그럼에도 불구하고, 특히, 경성적 견해에 포함되는 설명들은 공히 1970년대를 극적인 분수령으로 삼아 최근의 지구화 양상에 내재한 참신성을 강조한다. 그들은 공히 국가적 경계와 전략으로서의 영토성에 내포된 함의의 현실적 쇠퇴라는 관점에서, 국가적 경계 연구에 대한 진지한 도전을 제기하는 것으로 평가된다.

보다 구체적으로, 지구화 테제에 대한 경성적 견해는 국가적 경계 없는 지구 경제의 발전[32], 새로운 의사소통과 정보 기술의 위세(威勢)[33], 그리고 초국적 문화와 협치(協治, governance)적 네트워크, 부상하는 지구적 관념의 징후[34] 등을 강조한다. 나아가, 경성적 견해의 보다 극단적인 변종들은 영토성과 경계에 기한 국가 중심적 세계의 종말과 국민 국가의 종말[35], 이데올로기의 종말[36], 그리고 심지어는 지리의 종말[37]을 고(告)

---

32 이에 관해서는 K. Ohmae, *The Borderless World* (London: Collins, 1990) 참조.

33 이에 관해서는 M. Castells, *The Power of Identity* (Oxford: Blackwell, 1997) 참조.

34 이에 관해서는 R. Robertson, *Globalization: Social Theory and Global Culture* (London: Sage, 1992); A. Giddens, *The Runaway World* (London: BBC, 1999) 등 참조.

35 이에 관해서는 K. Ohmae, The Borderless World; K. Ohmae, The End of the Nation State (London: Free Press, 1990) 등 참조.

36 이에 관해서는 F. Fukuyama, *The End of History and the Last Man* (New York: Free Press, 1991) 참조.

37 이에 관해서는 R. O'brien, *Global Financial Regulation: The End of Geography* (London: Royal Institute of International Affairs, 1992) 참조.

하기도 한다. 상대적으로, 아민[38]이나 기든스(A. Giddens)[39]와 같은 보다 신중한 연구자들은 이와 같은 이른바, 종말론(終末論)에 대하여 다소간 회의적인 견지에 서 있기는 하다. 그러나 그럼에도 불구하고 이들은 공히, 지구화가 창출하는 물리적 거리의 축소와 그로 인한 국가와 지역을 초월하는 변화의 규모를 강조한다. 특히, 지구화로 인한 국가와 지역의 점진적 해체를 전망하거나, 혹은 국가적 경계 내부적 활동에 결정적 영향력을 행사하는 국가권력의 불가역적 쇠퇴를 예측한다. 또한, 초국적 기업, 초국적 사회 운동 조직, 초국적 공동체 등과 같은 여타의 초국가적 행위자들은 국가적 경계를 존중하지 않는 방식으로 국가의 중심적 역할에 대하여 도전하는 것으로 간주된다.

지구화 테제에 대한 경성적 견해는 주로 정보 통신 기술의 혁명적 변화와 그로 인한 경제적 변화를 강조하는 경향이 있다. 특히, 후그벨트(A. Hoogvelt)[40]는 물리적 인간이 거주하는 '영토화된 실재적 세계'와 인간이 스스로 존립하는 지리적인 위치, 공유하는 영토, 혹은 스스로를 분리하는 공간 등과 무관하게, 경제적, 정치적, (시민)사회적 관계를 계발하는 '지구화된 인지적 세계'를 구별한다. 그의 설명에 의하면, 지구화된 인지적 세계는 실재하는 영토 기반 경제를 연결하는 '장소로서의 지구적 시장'과 구별되는, '질서로서의 지구적 시장'의 출현을 지지한다. 그것은 또한 카스텔(M. Castell)이 명명한 바와 같이, 금융 자유화와 정보 통신 기술 혁명의 융합에 의하여 가동되는 전 지구적 금

---

38 이에 관해서는 A. Amin, "Placing Globalization," pp. 123~137 참조.
39 이에 관해서는 A. Giddens, *The Runaway World* 참조.
40 이에 관해서는 A. Hoogvelt, "Globalisation, Exclusion and the Politics of Resistance," *AntePodium*, 2 (1997), pp. 1~15 참조.

융 유동성을 위한 '메타 네트워크(meta-network)'[41]의 출현을 촉진한다. 후그벨트[42]가 관찰한 바와 같이, 전통적인 시간적, 공간적 제약으로부터 자유로운, 그리고 그가 금융 거래의 90%는 생산과 교역과는 무관하다는 드러커(P. Drucker)의 주장을 인용하여 표현한 바와 같이, 자본은 유동하는 자본으로부터 생성되는 것으로 간주된다.

지구화 테제에 대한 경성적 견해에 의해 설명되는 세계에서는 국가보다는 오히려, 지구적 생산과 판매 그리고 금융 전략을 선도하고 있음과 동시에, 비교적 영토적 경계의 제약으로부터 자유로운 초국적 기업들이 핵심 행위자로 간주된다. 지구화에 대한 경성적 견해는 맥도널드, 코카콜라, 그리고 리바이스 청바지 등으로 상징되는 자본주의적 소비지상주의(consumerism)의 확장을 강조한다.[43] 이들은 주로 근대화, 기술적 진보, 불개입적 국가, 그리고 대의제 기반의 근대적 민주주의 등과 같은 이른바, 북미적 가치의 지구화에 동조한다. 이와 같은 북미적 가치들은 공히, 후쿠야마(F. Fukuyama)에 의해 '역사의 종말'로서 요약되고, 냉전의 결과인 사회주의에 대한 신자유주의의 종국적 승리로서 찬미된다. 그 승리의 종국성에 대한 논쟁이 진행되는 동안, 마르크스주의적 연구자들은 이와 같은 지구적 가치와 관행의 담지자(擔持者)로서의 초국가적 자본가 계급의 출현을 강조한다.[44] 마르크스의 관점에서 자본은 잉여

41 M. Castells, *The Rise of Network Society* (Blackwell, Oxford, 1996), p. 472.

42 이에 관해서는 A. Hoogvelt, "Globalisation, Exclusion and the Politics of Resistance," pp. 1~15 참조.

43 이에 관해서는 M. Featherstone (ed.), *Global Culture, Nationalism, Globalisation and Modernity* (London: Sage, 1990) 참조.

44 이에 관해서는 L. Sklair, *Sociology of the Global System* (Brighton: Harvester Press, 1991); H. Holman and K. Van der Pijl, "The Capitalist Class in the European Union," in G. A. Kourvetaris and A. Moschonas (eds.), *The Impact of European Integration* (Westport: Praeger, 1996), pp. 55~74 등 참조.

가치의 획득을 목표로 운동을 하는데, 이러한 운동의 의식적 담당자가 바로 자본가인 것이다.

이 [자본] 운동의 의식적 담지자(der bewußte Träger)로서 화폐 소유자는 자본가로 된다. 그의 몸, 또는 정확히 말해 그의 주머니는 화폐의 출발점이자 귀착점이다. 이러한 유통의 객관적 내용, 즉 가치의 증식은 그의 주관적 목적이 되고, 추상적 부를 점점 더 많이 취득하는 것이 그의 행동의 유일한 추진 동기로 되는 한, 그는 자본가로 즉 의지와 의식이 부여된 인격화된 자본으로 기능한다.[45]

즉, 자본은 가치를 증식시켜 잉여가치를 획득하려고 운동하는데, 이러한 운동의 의식적 담지자를 '자본가(資本家, Kapitalist)'라고 한다. 자본가는 자본을 유통 과정에 투하하여 더 많은 가치를 창출하는 것을 목표로 삼는다. 자본가의 최고 목표는 끊임없는 이윤 추구이다. 수전노와 자본가는 무한한 치부(致富)의 충동을 갖고 있다는 점에서는 공통적이지만, 수전노가 화폐를 유통 과정에서 끌어내어 치부 하는데 비해, 자본가는 화폐를 끊임없이 유통에 투입하여 치부 한다는 점에서 이 양자는 차이점을 보이는 것이다.[46]

지구화 테제에 대한 연성적 견해는 이른바, '국제화(internationalization)'를 지구화보다 중요한 것으로 간주한다.[47] 그들은 시

---

45 칼 마르크스 저, 김수행 역, 『자본론 I(상): 정치경제학비판 (제2개역판)』(서울: 비봉출판사, 2001), p. 197.

46 손철성, 『철학 텍스트들의 내용 분석에 의거한 디지털 지식 자원 구축을 위한 기초적 연구: 마르크스 <자본론>』(서울: 서울대학교 철학사상연구소, 2004), p. 144.

47 이에 관해서는 P. Hirst and G. Thompson, *Globalization in Question* (Cambridge: Polity Press, 1995); M. Mann, "Has Globalization Ended the Rise and Rise of the Nation-state?," *Review of international political economy*, 4(3) (1997), pp. 472~496; L. Weiss, *The Myth of the Powerless State* (Oxford: Polity Press, 1998) 등 참조.

장과 부상하는 초국적 협치의 양상을 찬미하는 전 지구적 각축장에서 국가는 여전히 중심적 행위자의 지위를 보유하고 있음을 주장한다. 그리고 그들은 오늘날의 지구적 경제 통합이란 1970년대를 극적인 분수령으로 삼아 전개된 양상이 아니라, 제1차 세계대전 이후 지속적으로 개진되어온 양상이라고 주장하면서 현행하는 지구화의 참신성에 의문을 표한다.[48] 개별 분과 학문에 널리 포진되어 있는 신제도주의자들은 정치적 구조에 기하여 시장의 추상성에 도전한다. 그리고 국가적 구조 틀을 토대로 삼는 지구적 자본주의의 규모를 강조하며, 유럽연합의 사례에서 발견되는 대규모 지역주의에 의하여 그 주장의 강도는 고조된다.[49] 여기에서, 영토적 경계는 혁신적인 국가체계, 혹은 국가와 대규모 지역의 정치적, 사회적, 문화적 특징들이 주입된 특정 자본주의의 구분기호(區分記號, delimiter)로서 출현한다. 명백하게도, 이와 같은 접근은 국가적 경계를 지구적 생산과 시장에 대한 규제 장치로서 인지한다. 이와 같은 관점에서, 금융 투자 및 투기의 장(場)이라는 가상의 지구적 시장은 영토 간 경제와 횡경계적 연결의 장이라는 실재하는 세계에 비하여 주목도가 낮을 수밖에 없는 것이다.

지구화에 대한 연성적 견해는 묵시적 혹은 명시적으로, 새로운 대규모 지역 경계의 발달 사례인 유럽연합, 북미자유무역지대 및 보다 이완된 결사체인 아시아태평양경제협력체(Asia-Pacific Economic Cooperation), 메르코수르[Mercado Común del Sur(Southern Common Market)] 등에서 국가적 영토성의 적응성에 주목한다. 이와 같은 지역

---

48 이에 관해서는 P. Hirst and G. Thompson, *Globalization in Question* 참조.

49 이에 관해서는 R. Boyer and D. Drache (eds.), *States against Markets: The Limits of Globalization* (London: Routledge, 1996) 참조.

블록의 출현은 실재하는 영토 기반 경제로서의 경제 통합이 상대적으로 북미, 서유럽 그리고 동아시아 등으로 특화되는 지리적 공간으로 집중되어 가고 있음을 시사한다.[50] 아마도, 이와 같은 실재하는 영토 기반 경제들은 진정한 지구화를 향한 경로에서 징검다리가 아닌 장벽으로 작용할 것이다. 그리고 후그벨트[51]는 심지어 세계 자본주의의 지리적 범주는 중남미와 아프리카 대부분 지역의 지구적 경제로서의 역할이 위축되면서 실제로 축소되고 있다는 주장을 제기한다. 이와 같은 주장들이 갖는 장점이 무엇이든지 간에, 비록 경제적 조건에 국한된 바이기는 하나, 그것들은 새롭고도 배타적인 영토적 경계들이 구성되고 있다는 문제를 제기하고 있는 것이다. 지역, 국가, 대규모 지역의 경계들은 광역적인 지구적 영향력들을 중재하고, 타협하며, 심지어는 저지하는 방법들을 함축하고 있는 것이다.

역사적으로 자본주의는 국가 간 체계의 구조에 우호적이었을 뿐만 아니라, 특권을 부여해 왔다. 작동하고 있는 현 지구적 경제에서 국가적 경계의 중요성이 하락하는 규모, 혹은 국가적 경계가 새로운 거대 지역주의의 경계에 의해 대체되는 규모가 중요한 논제로서 부상하는 경우가 많은 것이 사실이기는 하나, 국가 간 체계의 중요성은 여전히 자본주의의 내적 발전 단계에 있어서 간과될 수 없으며, 정복, 식민주의적 팽창, 지리적 대결, 그리고 전쟁 등과 강한 연관 관계를 지닌다. 만약 지구화 및 지구화와 국가적 경계 간 상호작용에 관한 논쟁들이 보다 광역적이고 다차원적인 지구화의 궤적 내에서 지속과 단절을 반복하는 역사적

---

50 P. Hirst and G. Thompson, *Globalization in Question*, p. 68.
51 이에 관해서는 A. Hoogvelt, "Globalisation, Exclusion and the Politics of Resistance," pp. 1~15 참조.

시대 구분(historical periodization)과 괴리된다면, 스스로 그 적실성과 적확성을 상실하게 될 것이다. 전체적으로, 지구화에 대한 경성적 견해는 역사적 단절성을 과도하게 강조하는 경향이 있는 반면, 연성적 견해는 역사적 지속성의 관점에서 현 지구적 변화의 참신성을 간과하려는 경향을 지닌다. 정치, 경제, 사회, 문화적으로 구별되어 진행되는 지구화에 대한 분석은 각각 상이한 시대 구분을 산출한다. 그러나 국가적 경계에 대한 경험적 연구는 비록 정치, 경제, 사회, 문화적 요소들이 상이한 역사 내에서 상이한 비중으로 전개되더라도, 이 요소들 간 관련성을 인지하는 데 강점을 지녀야 할 것이다.

Ⅵ

결론

　　인간 이성의 작용에 의해 포착되는 대상은 공히, 경계라는 기제를 통하여 존재의 양상으로 변환된다. 인류가 구현해 낸 역사적 문화유산의 전부는 그것의 관념적, 물질적 형태를 막론하고 경계라는 장치로부터 도출된 것들이다. 특히, 가시적 물질문명의 잠재태(潛在胎)로서의 비가시적 정신문명을 선도해 온 인간의 사유능력은 결국 경계를 활용하여 입체적 지식집성체들을 창출해 왔다. 그리고 국가적 경계는 인류의 대표적인 지식집성체로 간주된다. 따라서 무정부성을 그 본원적 토대로 삼고, 전쟁의 방지와 평화의 창출을 그 목적으로 표방하는 학문으로서의 국제정치학의 기저에는 국가적 경계가 존재하고 있는 것이다. 즉, 국가적 경계에 기하여 비로소, 무정부적 국제 체계가 등장하는 것이고, 이 무정부적 국제 체계에 기하여 비로소, 전쟁과 평화의 논리가 출현하는 것이다. 여기에, 국가적 경계 자체에 천착하는 근원적 연구의 필요성이 제기되는 것이다. 본 연구에서는 이와 같은 국가적 경계의 본질을 '변화'로부터 추론하여 규명하고자 하였다. 여기에서는 국가적 경계의 개념, 국가적 경계의 특성, 국가적 경계의 전략, 그리고 국가적 경계의 변화로 귀속되는 본 연구를 요약하면서 결론에 대신할 것이다.

우선, '제2장 국가적 경계의 개념: borders'에서는 ㉮ 경계의 어의와 ㉯ border의 의미로 구별하여 국가적 경계 그 자체와 그로부터 도출되는 유관 개념들을 정의하였다. ㉮ 경계의 어의에 관한 논의에서는 흔히 경계로 번역되는 영어권의 용어들인 ⓐ frontier, ⓑ boundary, ⓒ border의 개념적 구별을 시도하였는바, 선으로 시각화할 때, ⓐ frontier는 가장 연하고 둔탁한 의미를 지니는 반면, ⓑ boundary는 가장 진하고 예리한 의미를 지니는 것으로 묘사될 수 있고, ⓒ border는 그 사이에 위치함을 확인하고, 특히 본 연구는 ⓒ border를 근대 국민국가와 지구적 국가 체계의 산물로서의 정치적 분할, 나아가 이로부터의 사회적 구성으로 간주함을 확인하였다. ㉯ border의 의미에 관한 논의는 ⓐ 국가적 경계의 발원, ⓑ 외적, 내적 국가 경계, ⓒ 경계와 경계 지방, ⓓ 경계와 초경 지방, ⓔ 경계와 경계 변화 등으로 구분하여 전개하였다. ⓐ 국가적 경계의 발원에서는 이론의 여지는 분명히 존재하지만, 1648년의 웨스트팔리아조약을 border의 발생 기점으로 보는 이른바, 웨스트팔리아 기점설이 정론임을 확인하였다. ⓑ 외적, 내적 국가 경계에서는 border가 외적으로는 국가의 통치권들을 분리하는 사법적 한계선이자, 내적으로는 특정 국가의 지방행정체제에 내재하는 행정구역들의 분리선임을 논하였다. ⓒ 경계와 경계지방에서는 형식적으로는 국가의 외적 경계에 인접한 지역 혹은 외적 경계의 양 방면에 걸쳐 있는 지역을 의미하는 것이나, 실질적으로는 그 중심이 물리적, 사회적 측면에서 국가적 경계로부터 유리된 별도의 지역을 의미하는 경계 지방을 설명하였다. ⓓ 경계와 초경 지방에서는 특히, 유럽연합의 투자를 통한 이익 확보 및 국가적 경계에 대한 통제의 폐지를 목적으로 삼는 제한적이고도 일시적인 협력의 실체로 간주되는 초경 지방을 강조하였다. ⓔ 경계와 경계 변화에서는 '무에서 창조된 유', 그리고 '유에서 도출된 유'라는 양자의 논리 하에서 포착되는 국가적 경계를 제시하였다.

다음으로, '제3장 국가적 경계의 특성: contradictions'에서는 ㉮ 물질성과 관념성의 모순, ㉯ 배제성과 포용성의 모순, ㉰ 민족성과 종족성의 모순, ㉱ 민주성과 권위성의 모순, ㉲ 망각과 기원의 모순 등으로 구별하여 국가적 경계에 내포된 이중적 특성들을 규명하였다. ㉮ 물질성과 관념성의 모순에 관한 논의에서는 경계란 감각에 기한 구체적인 현상적 물질성과 이성에 기한 추상적인 역사적 관념성을 담지하고 있는 실체임을 설명하였다. ㉯ 배제성과 포용성의 모순에 관한 논의에서는 경계란 인위적으로 의제된 중심부의 순수성을 유지하기 위한 분리와 방어의 주변부이자, 침투와 전이가 가능한 고도로 가변적인 투과성과 다공성을 지닌 주체와 객체 사이의 여과장치임을 제시하였다. ㉰ 민족성과 종족성의 모순에 관한 논의에서는 경계란 민족주의라는 신화적 이데올로기에 기하여 확립되는 근대 국민국가의 통치권의 한계와 직결됨과 동시에 국가 건설과 국민 통합의 과정에 동원된 민족주의라는 기제에 의하여 전적으로 귀속되지 못하는 종족민족주의의 부상과 연결됨을 논하였다. ㉱ 민주성과 권위성의 모순에 관한 논의에서는 경계란 대의제로 표명되는 근대적 민주주의의 우월성과 그 제도적 정착의 당위성이라는 표준화된 논리를 요구함과 동시에, '민주주의에 의한 평화'라는 목적의 이면에 존재하는 '민주주의에 의한 전쟁'이라는 수단의 필연성을 야기하는 실체임을 강조하였다. ㉮ 망각과 기원의 모순에 관한 논의에서는 경계에 대한 논쟁은 현존하는 쟁점이자 결코 근대적 민주주의의 구현을 위하여 '망각'될 수 없는 바로 그 비민주주의의적'기원'으로 수렴됨을 확인하였다.

그리고 '제4장 국가적 경계의 전략: territoriality'에서는 ㉮ 영토성의 개념, ㉯ 영토성의 의의로 구분하여 국가적 경계가 발휘하는 전략적 양상들에 집중하였다. ㉮ 영토성의 개념에 관한 논의에서는 ⓐ 옐리네크의 이른바, 국가 구성 3요소론에 있어서 국가 영토의 중요성을 확인하고, 이에 기한 ⓑ 영토성의 개념을 '국가가 특정 영역을 통제함으로써, 당해 영역의 인적, 물적 자원에 대하여 직접적, 간접적 영향력을 행사하거나 제어하기 위한 대(對) 공간 전략'으로 정의하였다. ㉯ 영토성의 의의에 관한 논의는 ⓐ 경계의 토대로서의 영토성, ⓑ 분열의 주체로서의 영토성, ⓒ 통제의 주체로서의 영토성, ⓓ 모순의 주체로서의 영토성, ⓔ 변화의 주체로서의 영토성으로 구분하여 전개되었다. ⓐ 경계의 토대로서의 영토성에서는 영토성은 근대적 주권을 보유한 영토적 국민 국가 내에서 구현되고, 국가적 경계 내에서 외부적 간섭으로부터 배타적 주권을 주장하는 국가 체계에 그 토대를 제공함으로써, 필수적으로 경계를 생산하게 됨을 설명하였다. ⓑ 분열의 주체로서의 영토성에서는 영토성은 특히 경계와 관련될 경우, 사회적 과정에 개입하여 독단적 분열과 파괴를 자행함을 규명하였다. ⓒ 통제의 주체로서의 영토성에서는 특히, 국가 이주 통제에 의해 그들의 이동이 제한되는 대다수의 노동자들에 비해 자본과 투자를 통제하는 자들은 결정적으로 우월한 위치를 차지하게 됨을 강조하였다. ⓓ 모순의 주체로서의 영토성에서는 국가적 경계의 특성을 규정하는 결정적인 변수는 경계 그 자체에 내포된 이중적 함의로부터 도출되는 이른바, 모순으로 상정됨을 제시하였다. ⓔ 변화의 주체로서의 영토성에서는 이상과 같이 다양한 문제성을 지닌 영토성의 본질이 봉착하게 되는 지점은 다름 아닌 '변화'인바, 그 변화의 유무와 규모가 관건이 됨을 논하였다.

마지막으로, '제5장 국가적 경계의 변화: globalization'에서는 ㉮ 지구화의 개념, ㉯ 지구화에 대한 경성적 견해, ㉰ 지구화에 대한 연성적 견해로 구분하여 국가적 경계가 직면한 변화의 진의를 포착하였다. ㉮ 지구화의 개념에 관한 논의에서는 ⓐ 아민의 견해를 빌어 지구화를 '전 지구적 범위에 걸쳐 진행되는 연쇄적인 정치, 경제, 사회, 문화적 활동의 양적 증가'이자 '국가와 사회 간 상호작용 및 상호관계 수준의 질적 증강'으로 정의하고, ⓑ 이에 내장된 논쟁적 양상(경성적 견해와 연성적 견해)을 확인하였다. ㉯ 지구화에 대한 경성적 견해에 관한 논의는 ⓐ 총체적 종말론으로서의 지구화, ⓑ 지구화된 인지적 세계로서의 지구화, ⓒ 자본주의적 소비지상주의의 확장으로서의 지구화로 구별하여 전개되었다. ⓐ 총체적 종말론으로서의 지구화에서는 경성적 견해의 극단적인 논의들은 영토성과 경계에 기한 국가 중심적 세계의 종말과 국민 국가의 종말, 이데올로기의 종말, 그리고 심지어는 지리의 종말을 고하고 있음을 강조하였다. ⓑ 지구화된 인지적 세계로서의 지구화에서는 물리적 인간이 거주하는 '영토화된 실재적 세계'와 인간이 경제적, 정치적, (시민)사회적 관계를 개발하는 '지구화된 인지적 세계'를 구별하였다. ⓒ 자본주의적 소비지상주의의 확장으로서의 지구화에서는 새로운 세계에서는 영토적 경계의 제약으로부터 자유로운 초국적 기업들이 핵심 행위자로 간주되면서 자본주의적 소비지상주의가 확장됨을 설명하였다. ㉯ 지구화에 대한 연성적 견해는 ⓐ 국제화로서의 지구화, ⓑ 국가적 영토성의 적응으로서의 지구화로 구별하여 전개되었다. ⓐ 국제화로서의 지구화에서는 지구화 테제에 대한 연성적 견해는 국가적 경계에 기한 '국제화'를 지구화보다 중요한 것으로 간주함을 강조하였다. ⓑ 국가적 영토성의 적응으로서의 지구화에서는 지구화에 대한 연성적 견해는 대규모 지역 블록의 출현을 들어 지구화에 대한 국가적 영토성의 적응을 설명하였다.

제 2 편

국가적 경계의 이론[52]

---

52 제2편, "국가적 경계의 이론"은 최위정, "국가적 경계의 본질과 기제에 관한 연구: 국제정치학의 분석 수준을 중심으로," 『평화학연구』 22(1) (2022), pp. 147~172 에 기초하여 작성되었음.

개관

　'제2편 국가적 경계의 이론'에서는 '분석 수준'이라는 학술적 기제를 통하여 구획된 새로운 국가적 경계의 획정 과정을 고찰할 것이다. 여기에서는 ① 새로운 국가적 경계 연구의 등장으로서의 분석 수준 연구의 토대, ② 새로운 국가적 경계 연구의 전개로서의 분석 수준 연구의 전형(全形), 그리고 ③ 새로운 국가적 경계 연구의 확장으로서의 분석 수준 연구의 변형(變形)으로 귀속되는 주제들을 다룰 것이다. 우선, '제2장 국가적 경계 연구의 등장: 분석 수준 연구의 토대'에서는 '행태주의 운동'에 투영된 학술적 의의와 '일반 체계 이론'에 내포된 학문적 목적을 규명하고 양자 간 상호 정합성의 원리를 파악할 것이다. 다음으로, '제3장 국가적 경계 연구의 전개: 분석 수준 연구의 전형'에서는 행태주의적 체계 기반 연구로부터 도출되는 '국가적 분석 수준'과 '체계적 분석 수준'의 준별, 나아가 체계적 분석 수준의 한계를 지목한 '구조' 기반의 '체계적 분석 수준'을 포착할 것이다. 마지막으로, '제4장 국가적 경계 연구의 확장: 분석 수준 연구의 변형'에서는 '체계적 분석 수준'의 한계를 지목한 '지역안보복합체 이론' 기반의 '지역적 분석 수준'을 이해할 것이다.

I

서론

　무정부성(anarchy)이 국제정치학의 토대(土臺)라면, 본 연구 주제로서의 국가적 경계(state borders)는 그와 같은 무정부성의 기저(基底)에 위치한다. 즉, 국가적 경계라는 인식장치(epistemological mechanism)[53]에 기하여 비로소 무정부성은 출현하게 되는 것이고, 무정부성이라는 특성에 의하여 국제정치학은 전개되어 왔다. 따라서 국제정치학에 있어서의 제일원인(第一原因, 根本原因, prima causa)에 대한 추론은 국가적 경계

53　"인간 이성의 총체적 양상을 제시하고, 그에 내재한 순수이성의 작동과 한계를 규명한 칸트(I. Kant)적 관점에서 조망할 때, '경계'는 사유(思惟)되는 선험(先驗)적 예지계(睿智界, *noumenon*)와 인식(認識)되는 경험(經驗, 後驗)적 현상계(現象界, *phenomenon*) 사이의 지점에 존재한다. 즉, 경계라는 인식 장치는 예지계의 본질인 물자체(物自體, thing in itself)를 현상계의 사물인 물(物, thing)로 전환시킨다. 따라서 근대적 학문으로서의 과학(science), 특히 사회과학의 방법론을 좇아, 경험적 현상계를 선험적 예지계로부터 분리하여 강조한다면, 경계는 인식되는 경험적 현상계의 제일원인으로서 등장하게 된다. 즉, 모든 사회과학의 인식 대상은 경계라는 장치를 경유하여 비로소 존재하게 되며, 우리의 인식 체계 내에서 상정되는 모든 관계는 경계로부터 도출된다. 모든 주체와 주체, 주체와 객체, 객체와 객체는 경계로부터 존립하는 것이다. 이와 같은 논리는 전통적으로 '국가 간 정치' 내지 '국가 간 관계'를 의미하는 국제정치(international politics) 또는 국제관계(international relations)에도 적용되는바, 영토적 경계, 즉 국경에 의하여 비로소 국제정치의 주요 행위자로서의 국가는 존립 가능하게 되고, 이로부터 국가 간 관계는 등장하게 된다."; 최위정, "국가적 경계의 함의에 관한 연구," 『평화학연구』, 19(4) (2018), p. 238.

의 본질에 대한 연구로부터 시작될 수밖에 없다. 즉, 자본주의 근대 국
민국가의 내적 형태와 자본주의 근대 세계질서의 외적 형태를 물리적으
로 구분하는 기존의 국가적 경계 개념은 이른바, 웨스트팔리아 기점설
(起點說)[54]이라는 역사적 사실에 기반을 두는 반면,[55] 본 연구의 대상인,
국가적, 체계적, 그리고 지역적 분석 수준을 관념적으로 구분하는 새로
운 국가적 경계 개념은 이른바, 전통주의와 행태주의 및 실증주의와 탈
실증주의라는 학술적 기제에 토대하고 있다.[56]

---

54 "국제정치학에서는 일반적으로 30년 전쟁(Thirty Year's War, 1618~1648)을 국가적 경계 즉,
border에 근거한 국가적 형태가 출현한 시원적 사건으로 이해한다. 이에, 이 전쟁을 종결한 1648
년의 웨스트팔리아조약(The Treaty of Westphalia)을 border의 발생 기점으로 규정하는 이른
바, '웨스트팔리아 기점설'이 정설로서 인정되어 왔다. 웨스트팔리아조약은 스페인제국 합스부르
크 왕가의 권력을 결정적으로 축소시키고, 신성로마제국을 구성하고 있던 개별 국가들의 주도권
을 인정하였다는 점에서 근대 국민 국가의 외적 형태를 창출한 중세 절대주의 국가의 경계를 인
정한 가장 중요한 사건임에는 틀림없으나, 구체적 시점 규정의 문제와 관련된 다양한 논의가 존
재하는 것도 사실인바, 1414년 콘스탄츠공의회, 1454년 로디조약, 16세기 전반 근대 자본주의 세
계체제의 등장 시기, 1648년 웨스트팔리아조약, 1713년 위트레흐트조약, 18세기 후반 산업혁명
과 프랑스대혁명의 이중혁명 발생 시기, 1814년 비엔나회의 등 다양한 시점들이 풍부한 논거를
바탕으로 여러 논자들에 의해 그 척도로서 제시되기도 한다."; 최위정, "국가적 경계의 함의에 관
한 연구," p. 238.

55 '국가주권의 재성찰'이라는 주제 하에, 서울대학교 국제문제연구소에서 간행한 학술지, 『세계정
치』에 수록된 일련의 기획 논문은 이 부분을 집중적으로 조명하고 있다; 전재성, "국가주권의 재
성찰," 『세계정치』, 25(1) (2004), pp. 5~17; 김명섭, "탈냉전기 세계질서와 국가주권," 『세계정치』,
25(1) (2004), pp. 18~42; 정용화, "근대한국의 주권개념의 수용과 적용," 『세계정치』, 25(1) (2004),
pp. 43~69; 마상윤, "한국현대사에 나타난 주권문제의 성격: 1960년대 초 미국의 한국 정치 개입
문제를 중심으로," 『세계정치』, 25(1) (2004), pp. 70~95; 박상섭, "근대 주권 개념의 발전과정," 『
세계정치』, 25(1) (2004), pp. 96~122; 이혜정, "주권과 국제관계이론," 『세계정치』, 25(1) (2004),
pp. 123~157.

56 '국제정치학 방법론의 다원성'이라는 주제 하에, 서울대학교 국제문제연구소에서 간행한 학술지,
『세계정치』에 수록된 일련의 기획 논문은 이 부분을 집중적으로 조명하고 있다; 이왕휘, "이론,
방법 그리고 방법론: "국제정치학 이론의 종언" 논쟁의 비판적 검토," 『세계정치』, 20(1) (2014), pp.
29~69; 전재성, "탈실증주의 국제정치학 인식론의 모색," 『세계정치』, 20(1) (2014), pp. 70~112;
박재적, ""국제안보연구" 방법론 고찰: 동아시아 "안보질서" 연구 경향을 중심으로," 『세계정치』,
20(1) (2014), pp. 113~147; 은용수, "외교정책 설명과 방법론: 패러다임 전환 및 확정을 위한 제
언," 『세계정치』, 20(1) (2014), pp. 148~191; 안두환, "세력 균형에서 협조 체제로: 폴 슈뢰더(Paul

독자적 분과 학문으로서의 국제정치학은 국가적 경계라는 기저 위에 수립된 무정부성이라는 토대를 상수로 하여, 현실주의(realism)의 권력(權力, power), 자유주의(liberalism)의 제도(制度, institution), 사회적 구성주의(social constructivism)를 포함한 성찰주의(reflectivism)의 관념(觀念, thought), 그리고 마르크스주의(Marxism)의 계급(階級, class)이라는 핵심적 변수들에 천착한 개별 학파(學派)들의 관점에서 전쟁과 평화, 갈등과 협력을 진단하고 처방하는 학문으로서 성장해 왔으며, 그 성장의 동력은 첨예한 대립을 기반으로 치열하게 전개되었던 학파 간 논쟁이었다.[57] 이른바, 대논쟁들(the Great Debates)로 표상되는 국제정치학의 발전적 전개 과정은 역사적 사실을 통하여 확보된 기존의 국가적 경계 개념 위에 학술적 기제를 통하여 구획된 새로운 국가적 경계를 획정하는 과정이었다.

국제정치학의 대논쟁들은 국제정치학 이론사의 맥락 속에서 발견된다. 독자적 분과 학문으로서의 국제정치학은 제1차 세계대전(1914~1918) 직후인 1919년 영국 웨일스대학 애버리스트위스 분교(the University College of Wales, Aberystwyth)에서 최초의 개별 학과가 설립된 이래, 시

W. Schroeder)의 근대 유럽 외교사," 『세계정치』, 20(1) (2014), pp. 192~282; 이용욱, "구성주의 국제정치경제: 방법론 고찰과 적용," 『세계정치』, 20(1) (2014), pp. 283~321.

57 무정부성을 그 본원적 토대로 삼고, 전쟁의 방지와 평화의 창출을 그 목적으로 표방하는 전통적 국제정치학의 기저(基底)에는 국가적 경계가 존재하고 있다. 그럼에도 불구하고, 국가적 경계 그 자체에 관한 연구는 이미 주어진 인식의 틀 내지 고정된 상수로 간주된 채 배제되어 왔고, 학문적 연구의 범위와 대상은 이에 후행하는 양상으로서의 '배타적 주권을 보유한 국가 간 관계'로 설정되어 왔다. 이에, 경계 자체가 변화한다면 혹은 변화해 왔다면, 경계를 변수가 아닌 상수로 상정해 온 학문 체계는 위기에 봉착하게 될 지도 모를 일이다. 경계 자체에 관한 규명은 국제정치학에 있어서 본원적 연구의 지위를 차지한다 하겠다; 최위정, "국가적 경계의 함의에 관한 연구," p. 237.

대적 맥락과 국가적 요청에 따라 주목 받은 다양한 학술적 사조들을 형성해왔다. 즉 ① 1920년대와 1930년대의 이상주의(idealism), ② 1940년대에서 1960년대의 전통주의적 현실주의(traditional reallism), ③ 1950년대와 1960년대의 행태주의적 현실주의(behavioral realism), ④ 1970년대의 첫 번째 사조로서의 자유주의적 제도주의(liberal institutionalism), ⑤ 1970년대의 두 번째 사조로서의 마르크스주의(Marxism), ⑥ 1980년대의 첫 번째 사조로서의 구조주의적 현실주의(structural realism), ⑦ 1980년대의 두 번째 사조로서의 신자유주의적 제도주의(neoliberal institutionalism), ⑧ 1990년대의 성찰주의(reflectivism), 마지막으로 ⑨ 2000년대의 사회적 구성주의(social constructivism) 등이 그것이다.

상기한 바와 같은 사조들을 시대적 맥락과 국가적 요청을 척도로 삼아 조망하면, ㉠ 제1차 세계대전 이후의 ① 이상주의, ㉡ 제2차 세계대전(1939 ~ 1945) 이후의 ② 전통주의적 현실주의와 ③ 행태주의적 현실주의, ㉢ 1970년대 데탕트(détente) 이후의 ④ 자유주의적 제도주의와 ⑤ 마르크스주의, ㉣ 1980년대 제2차 냉전(the Second Cold War) 이후의 ⑦ 신자유주의적 제도주의와 ⑥ 구조주의적 현실주의, 마지막으로, ㉤ 1991년 유럽연합조약(the Treaty on European Union) 이후의 ⑧ 성찰주의와 ⑨ 사회적 구성주의 등으로 구분 가능하다. 아울러, 이와 같은 사조들을 이른바 패러다임(paradigm)으로 명명되는 학파를 기준으로 하여 구별하면, ⓐ 제도 기반의 자유주의 학파 계열에는 ① 이상주의, ④ 자유주의적 제도주의, 그리고 ⑦ 신자유주의적 제도주의가 포함되며, ⓑ 권력 기반의 현실주의 학파 계열에는 ② 전통주의적 현실주의, ③ 행태주의적 현실주의, 그리고 ⑥ 구조주의적 현실주의가 해당되고, ⓒ 관념

기반의 성찰주의 학파 계열에는 ⑧ 성찰주의와 ⑨ 사회적 구성주의가 포함되며, 마지막으로 ⓓ 계급 기반의 마르크스주의 학파 계열에는 ⑤ 마르크스주의가 해당된다.

이때, 국제정치학의 대논쟁들은 크게 세 가지의 축(軸)을 기준으로 준별된다. 즉, ㉠ 제1차 논쟁은 1930년대와 1940년대에 있었던 ① 이상주의(idealism)와 ② 전통주의적 현실주의 간의 '핵심 변수 논쟁'이었으며, ㉡ 제2차 논쟁은 1950년대와 1960년대에 있었던 ② 전통주의적 현실주의와 ③ 행태주의적 현실주의 간의 '연구 방법 논쟁'이었고, ㉢ 제3차 논쟁은 1980년대 말 이후 1990년대에 있었던 ⑦ 신자유주의적 제도주의, ⑥ 구조주의적 현실주의를 포괄하는 (북미의) 합리주의(rationalism)와 ⑧ 성찰주의, ⑨ 사회적 구성주의를 포함하는 ⑧ (유럽의)성찰주의 간의 '사유 방식 논쟁'이었다. 여기에서 본 연구와 직결되는 논쟁의 지점은 ㉡ 제2차 논쟁과 ㉢ 제3차 논쟁이 된다. 본 연구에서는 행태주의와 전통주의 간의 연구 방법 논쟁, 그리고 실증주의와 탈실증주의 간의 사유 방식 논쟁이라는 양자의 구도 속에서 표출되었던 국제정치학에 있어서의 세 가지 분석 수준, 즉 국가적 수준, 국제 체계적 수준, 그리고 지역적 수준에 대한 고찰을 중심으로 학술적 기제를 통하여 구획된 새로운 국가적 경계 개념의 획정 과정을 파악한다.

II

국가적 경계 연구의 등장: 분석 수준 연구의 토대

　국제정치학에 있어서 분석 수준에 대한 논의의 전면적 도래는 순수한 형태의 자연과학적 연구방법을 사회과학에 적용시킴으로써, 사회과학에 필연적으로 존립할 수밖에 없는 것으로 간주되었던 철학적 요소를 배격함으로써, 완전한 '과학'으로서의 사회과학을 수립하기 위한 목적의식 하에서, 1950년대 북미를 중심으로 본격적으로 개진되었던 이른바, 행태주의 운동(行態主義 運動, the Behavioral Movement)의 결과였다. 행태주의 운동의 결과로서 등장한 학술 사조(思潮)로서의 행태주의(behavioralism)는 ① 철학적 연구 전통과 과학적 연구 전통으로 준별되는 '연구 전통', ② 역사주의적 사유 방식과 실증주의적 사유 방식으로 대별되는 '사유 방식', ③ 전통주의적 연구 방법과 행태주의적 연구 방법으로 구별되는 '연구 방법', 마지막으로 ④ 전통주의적 연구 기법과 행태주의적 연구 기법으로 구분되는 '연구 기법' 등으로 축적(蓄積)되어 위계적 층위(層位)들을 구성하는 범 사회과학, 특히 정치학 연구 방법론(methodology)의 전개 과정 상 제3층위에 위치하는 연구 방법(methods)

의 범주(範疇, category)에 해당하는 문제로서 발흥하였다. 내적으로, 행태주의적 연구 방법 및 후기 행태주의적 연구 방법으로 구별되는 행태주의는 규범적, 사변적 연구 방법 및 법규적, 제도적 연구 방법을 포괄하는 기존의 전통주의적 연구 방법에 대한 반발로서 등장하였으며, 철학적 연구 전통, 역사주의적 사유 방식, 전통주의적 연구 방법 및 연구 기법 등으로 구성되는 일련(一連)의 노선에 대립함으로써, 주류 학문의 지위를 확보한 과학적 연구 전통, 실증주의적 사유 방식, 행태주의적 연구 방법 및 연구 기법 등으로 망라되는 일단(一團)의 노선 내에 위치한다.

행태주의는 기존 정치학 연구 방법론에 내장된 전통주의적 연구 방법[58]에 대한 도전의 일환으로 등장하였다. 보다 구체적으로, 그것은 정치학적 분석으로부터 경험적 지식(empirical knowledge)을 획득하기 위한 가일층 강화된 과학적 방법(scientific method)에 관한 탐색의 결과로서 발흥하였다. 결과적으로, 현대 정치학자들은 급부상하는 새로운 패러다임에 대한 요구를 충족시키기 위하여 다양한 접근 방법들을 제안하였고, 그 돌파구는 정치학에 있어서의 행태주의 운동의 출현으로 귀결되었다. 행태주의, 즉 정치 현상에 대한 분석과 설명에 대한 접근으로서의 행태주의적 연구 방법은 특히 제2차 세계대전 이후 북미 정치학자들의 연구 작업과 직결된 것이지만, 그 기원은 공히, 1908년 저작물인, 월러스(G. Wallas)의 『정치학에 있어서의 인간 본성』(Human Nature in Politics)[59]과 벤틀리(A. Bentley)의 『통치 과정: 사회적 압력에 관한 연구』(The Process

---

58 행태주의자들은 주로, 전통주의적 연구 방법을 정태적 연구 방법(static approach)으로, 자신들의 행태주의적 연구 방법을 동태적 연구 방법(dynamic approach)으로 묘사한다.

59 이에 관해서는 G. Wallas, *Human Nature in Politics* (London: A. Constable and Company Limited, 1908) 참조.

of Government: A Study of Social Pressures)[60]로 거슬러 올라간다.

월러스와 벤틀리는 공히 정치현상의 비공식적 과정에 연구의 중점을 두는 경향이 강했으며, 이는 기존 정치학의 주된 연구 대상이었던 공식적 제도에 대한 관심으로부터의 새로운 중심 이동을 의미하였다. 특히, 월러스는 당시의 현대 심리학이 개척해낸 새로운 발견들의 조명 하에서 전개되고 있던 정치학 연구의 사조인 신현실주의적 학풍에 몰입하였다. 현대 심리학의 괄목할만한 성과는 현실적으로 인간이란, 이성을 통하여 사유하는 이상적 형태의 합리적 존재가 될 수 없으며, 따라서 그러한 인간의 정치적 행위 역시 합리적 사유에 입각하여 온전히 전개될 수 없다는 사실을 규명한 점에 있었다. 이에, 월러스는 그러한 인간의 행태에 내재하는 인간의 본성과 그러한 본성의 징후(徵候)를 이해하기 위한 사실과 증거에 관하여 탐구해야 할 것을 주장하였다. 한편, 정치 현상에 대한 집단 행태 연구의 선구자 격(格)으로 평가 받는 벤틀리는 월러스와 달리, 기본적으로 개인의 정치적 행위에 대한 구체적인 묘사나 설명에 대한 관심보다는, 정치학을 포함한 사회과학 전반에 적용 가능한 새로운 일련의 연구 기법[61]의 개발과 제시에 집중하였다. 그는 당시의 새로운 사회학적 연구 결과들로부터 크게 고무되어, 정치 과정에 내재하는 이익집단, 정당, 선거, 그리고 여론 등에 관한 연구에 몰두하였다.

월러스와 벤틀리에 이어, 메리엄(C. E. Merriam), 캐틀린(G. E.

---

60 이에 관해서는 A. F. Bentley, *The Process of Government: A Study of Social Pressures* (Chicago: University of Chicago Press, 1908) 참조.

61 여기에서의 연구 기법은 연구 전통, 사유 방식, 연구 방법, 연구 기법 등을 포괄하는 사회과학 연구 방법론의 위계적 층위상 최상층에 위치한다.

Catlin), 그리고 라스웰(H. D. Lasswell) 역시 행태주의의 선구자들로 기록된다. 우선, 메리엄은 행태주의 운동을 실질적으로 주도했던 시카고 학파(the Chicago School)의 창설에 크게 공헌하였다. 그는 1921년 논문인 "정치학 연구의 현주소"("The Present State of The Study of Politics")[62], 그리고 1925년 저작물인 『정치학의 새로운 면모』(New Aspects of Politics)[63]를 통하여 과학적 엄밀성이 결여된 당시의 정치학에 맹렬한 비판을 가하였다. 나아가, 그는 동년인 1925년 미국정치학회(APSA: American Political Science Association) 회장 취임 연설에서 인간의 행태를 정치학 연구의 근본 대상으로 인식할 것을 강력히 촉구하였다. 또한, 캐틀린은 1927년 저작물인 『정치의 과학과 방법』(Science and Method of Politics)[64]에서 가치중립성에 기한 순수 과학 형태의 정치학 사례들에 주목하였다. 여기에서 그는 권력 자체가 정치학의 본질로 간주되는 것은 타당하나, 그러한 권력 연구가 특정 가치 질서에 경도(傾倒)된 개별적 신념에 의하여 오도(誤導)되는 현상에 비판을 가하였다. 마지막으로, 라스웰은 1936년 발간된 그의 명저, 『정치: 누가, 무엇을, 언제, 그리고 어떻게 얻는가?』(Politics: Who Gets What, When and How)[65]를 통하여 정치 권력론 영역 중 경험적 연구 분야의 거장임을 스스로 명증하였다.

---

62 이에 관해서는 C. E. Merriam, "The Present State of The Study of Politics," *American Political Science Review*, 15(2) (1921), pp. 173~185 참조.

63 이에 관해서는 C. E. Merriam, *New Aspects of Politics* (Chicago: University of Chicago Press, 1925) 참조.

64 이에 관해서는 G. E. Catlin, *Science and Method of Politics* (London: K. Paul, Trench, Trubner & Company Limited, 1927) 참조.

65 이에 관해서는 H. D. Lasswell, *Politics: Who Gets What, When and How* (New York: Whittlesey House, 1936) 참조.

상기한 바와 같은 초기 연구자들의 노고와 공헌은 인정받아야 마땅한 것이나, 행태주의 운동은 제2차 세계대전 이후, 특히 북미 정치학자들의 연구에 기하여 체계적으로 전개되었다. 트루먼(D. B. Truman)[66], 다알(R. Dahl)[67], 커크패트릭(E. M. Kirkpatrick)[68], 율로(H. Eulau)[69], 그리고 이스턴(D. Easton)[70] 등은 정치학 분야에서의 행태주의 운동에서 가장 탁월한 업적을 남긴 연구자들로 평가 받는다. 당시의 행태주의는 정치적 행태에 관한 연구를 포함하는 보다 광역적인 학술 사조로서 인식되었으나, 정치적 행태에 대한 초점이 그 핵심인 것은 부인 불가능한 사실이었다. 즉, 정치학 영역의 학술 운동으로서의 행태주의는 개인 기반의 정치적 행태에 관한 연구에 국한되지 않고, 일련의 정치 정향, 정치 과정, 그리고 연구 방법으로 확장되었으며, 실제로 그것은 북미 중심의 현대 정치학에 과학적 성격을 부여하는 경향성 전체를 포괄하게 되었다. 특히, 이스턴(D. Easton)은 1962년 논문인 "서론: 정치학에

66　이에 관해서는 D. B. Truman, "The Impact on Political Science of the Revolution in the Behavioral Sciences," in S. K. Bailey (ed.), *Research Frontiers in Politics and Government* (Washington, D.C.: Brookings, 1955), pp. 202~231 참조.

67　이에 관해서는 R. A. Dahl, "The Behavioral Approach in Political Science: Epitaph for a Monument to a Successful Protest," *American Political Science Review*, 55 (1961), pp. 763~772 참조.

68　이에 관해서는 E. M. Kirkpatrick, "The Impact on Political Science of the Revolution in the Behavioral Sciences," in A. Ranney (ed.), *Essays on the Behavioral Study of Politics* (Urbana: University of Illinois Press, 1962), pp. 1~30 참조.

69　이에 관해서는 H. Eulau, "Segments of Political Science Most Susceptible to Behavioristic Treatment," in J. C. Charlesworth (ed.) *The Limits of Behavioralism in Political Science* (Philadelphia: American Academy of Political and Social Science, 1962), pp. 26~48; H. Eulau, *The Behavioral Persuasion in Politics* (New York: Random House, 1963) 등 참조.

70　이에 관해서는 D. Easton, "Introduction: The Current Meaning of "Behavioralism" in Political Science," in J. C. Charlesworth (ed.) *The Limits of Behavioralism in Political Science* (Philadelphia: American Academy of Political and Social Science, 1962), pp. 1~25 참조.

서 "행태주의"의 현재적 의미" ("Introduction: The Current Meaning of "Behavioralism" in Political Science")에서 행태주의의 지적 토대를 구성하고 있는 여덟 가지 주요 교의들(敎義, tenets)로서 ① 규칙성(regularity), ② 검증(verification), ③ 기법(techniques), ④ 계량화(quantification), ⑤ 가치(중립성)[value (neutrality)], ⑥ 체계화(systematization), ⑦ 순수 과학(pure science), ⑧ 통합(integration) 등을 제시하였다.

이스턴이 제시한 교의들 중 국제정치학에서의 분석 수준 연구는 특히, 여섯 번째 항목에 위치한 체계화(systematization)라는 교의와 직결된다. 이스턴은 체계화의 의미를 "이론과 연구 사이에는 긴밀한 협조가 있어야만하고, 그것은 '질서정연한 지식체(體)를 구성하는 밀접하게 상호 연관된 부분들'이다. 연구는 반드시 이론 지향적이어야만 하고, 이론은 필히 자료에 의해 후견되어야만 한다. 체계화란 이론과 자료 사이의 면밀한 관계를 의미한다."[71]라고 규정한다. 이를 보울딩(K. E. Boulding)의 표현을 통하여 설명하면, "일반 체계 이론은 그것이 질서정연한 지식 집성체 내에서 특정 지식 분야 혹은 특정 주제 영역의 살과 피를 부착할 수 있는 체계적 골조 혹은 구조의 제공을 목적으로 삼는다는 의미에서 학문(과학)의 골격(skeleton of science)인 것이다."[72] 이와 같은 논리

---

71 이에 대한 원문의 내용은 다음과 같다; There should be close collaboration between theory and research, which are 'closely interrelated parts of a coherent and orderly body of knowledge'. Research must be theory-oriented, and theory should be well-supported by data. Systematisation means close relationship between theory and data; D. Easton, *The Limits of Behavioralism in Political Science*. pp. 17~18.

72 이에 대한 원문의 내용은 다음과 같다; General Systems Theory is the skeleton of science in the sense that it aims to provide a framework or structure of systems on which to hang the flesh and blood of particular disciplines and particular subject matters in an orderly and coherent corpus of knowledge; K. E. Boulding, "General System Theory - The Skeleton of Science," *Management Science*, 2(3) (1956), p. 208.

는 행태주의적 연구방법의 토대가 되는 과학적 연구 전통과 실증주의적 사유 방식에 이미 배태되어 있던 파편적 연구의 함정으로부터 벗어나고자 한 처방의 일환으로 표방된 것으로서, 1940년대에 베르탈란피(L. von Bertalanffy)에 의해 제안되고, 그의 1968년 저작물인 『일반 체계 이론: 토대, 발전, 적용』(General System Theory: Foundations, Development, Applications)[73]에 의해 종합화 되었으며, 애쉬비(W. R. Ashby)[74], 라포포트(A. Rapoport)[75], 그리고 보울딩(K. E. Boulding)[76] 등을 비롯한 다양한 분과 학문의 연구자들에 의해 전개, 확산된 일반 체계 이론(General System Theory)과 직결되었다.

보울딩의 견해를 따라 일반 체계 이론의 학술적 좌표를 확인하면, "일반 체계 이론은 고도로 일반화된 순수 수학적 구성들과 전문화된 분과 학문의 특수한 이론들 사이에 위치해 있는 특정 이론 모델 구축의 수준을 설명하기 위하여 사용되어 온 명칭이다."[77] 즉, 일반 체계 이론의

---

73 이에 관해서는 L. von Bertalanffy, *General System Theory: Foundations, Development, Applications* (New York, George Braziller, 1968) 참조; 그는 본 서에서 ① 서론을 포함하여, ② 일반 체계 이론의 의미, ③ 수학에서의 체계 개념, ④ 일반 체계 이론의 전개, ⑤ 물리적 체계로서의 유기체, ⑥ 개방적 체계의 모델, ⑦ 생물학에서의 체계 이론, ⑧ 인문과학에서의 체계 개념, ⑨ 심리학 및 정신의학에서의 일반 체계 이론, ⑩ 범주의 상대성 등 일반 체계 이론과 관련된 열 가지의 소주제들에 관하여 논하고 있다.

74 W. R. Ashby, "Principles of the Self-Organizing Dynamic System," *Journal of General Psychology*, 37 (1947), pp. 125~128.

75 이에 관해서는 A. Rapoport, *General System Theory. Essential Concepts and Applications* (Tunbridge Wells, Kent: Abacus Press, 1986) 참조.

76 이에 관해서는 K. E. Boulding, "General System Theory - The Skeleton of Science," pp. 197~208 참조.

77 이에 대한 원문의 내용은 다음과 같다; General Systems Theory is a name which has come into use to describe a level of theoretical model-building which lies somewhere between the highly generalized constructions of pure mathematics and the specific theories of the specialized disciplines.; K. E. Boulding, "General System Theory - The Skeleton of Science," p. 197.

좌표를 순수 수학(pure mathematics)과 분과 학문(specialized disciplines)을 양 극단으로 삼는 스펙트럼 상의 특정 지점으로 설정한 그의 관점에 의하면, 우선 한 극단에서, 순수 수학은 고도로 일반화된 논리적 관계들을 하나의 응집된 수학적 체계 속으로 조직화하려 시도하지만, 그 체계란 우리가 목도하는 실제 세계(real world)와는 어떠한 필연적 연관관계도 가지지 못한다. 일반 체계 이론은 이와 같이 협소하게 정의된 정량적, 수리적 관계에 국한되지 않는다.[78] 그리고 다른 극단에서, 우리는 개별적으로 분리된 특수한 이론 집성체들을 지니고 있는 전문화된 분과 학문들을 발견한다. 각각의 분과 학문들은 경험적 세계의 특정 부분들에 상응하며, 그 분과 학문들은 스스로 분속(分屬)되어 있는 경험적 부분들에 특수하게 적용 가능한 이론들을 발전시킨다. 물리학, 화학, 생물학, 심리학, 사회학, 경제학, 그리고 정치학 등은 공히, 인간 경험의 특정 요소들을 스스로 가공하고, 창출하여 실제 세계에 대한 이해를 창출하는 이론들과 행위 유형들을 개발하고, 그것들을 해당 경험 세계의 특정 부분들에 적용시킨다.

---

78 보울딩의 설명에 의하면, 수학의 정성적, 구조적 발전이 진행되어 온 것도 부인할 수 없는 사실이기는 하나, 그것이 고전적 수학에서의 정량적, 수리적 발전만큼 활발하지 못한 이유는 어떤 의미에서, 수학은 내용 없는 모든 이론들을 망라하고 있는 학문이기 때문이다. 즉, 수학은 그 자체로 이론의 언어(language of theory)이기는 하나, 우리에게 이론의 내용을 제공해 주지는 않는다.

국가적 경계 연구의 전개: 분석 수준 연구의 전형

  자연과학의 비약적 발전에 따른 세계관의 변환[79]을 의미하는 17세기 유럽의 지적 혁명(intellectual revolution)으로부터 정립된 과학적 연구 전통, 그리고 객관적 관찰과 경험에 입각한 개념, 명제, 이론을 모색한 영국의 고전적 경험주의로부터 기원한 실증주의적 사유 방식, 이 양자에 입각하여 전개된 영미 계열의 학풍은 가치와 사실을 엄격히 분리하고, 사회과학의 독립적 전개와 특수성을 강조하며, 분과 학문들의 분립된 발전을 추구하는 경향을 내포하고 있었다. 이러한 학풍에 기하여, 20세기 이후, 특히 제2차 세계대전 이후 주로 북미를 중심으로 본격적으로 개진된 행태주의 운동 및 이로부터 비롯된 학술 사조로서의 행태주의는 구체적인 방법론으로서의 행태주의적 연구 방법으로 안착하게 되었고, 동일한 지적 맥락에 기하여, 오스트리아 출신의 이론 생물학자인 베르탈란피로부터 기원하여 이후, 다양한 분야의 연구자들에 의해 전

---

79 이 시기에 이르러 인식 주체의 능력과 자질에 의존하는 철학적 '진리'의 문제는 인식론적 평등주의(epistemological egalitarianism)에 입각한 과학적 '방법'의 문제로 대체되었다.

개와 확장을 거듭한 일반 체계 이론은 개별적 분과 학문의 영역에서 이른바, 과학적 학문의 골격을 추구하는 체계 기반 연구로 자리 잡게 되었다. 이와 같은 행태주의적 연구 방법과 체계 기반 연구의 상호 정합성 (mutual consistency)은 전후, 영미계열의 자유주의적 학풍을 실질적으로 주도하여 주류적 패러다임(orthodox paradigm)의 지위를 구가해 왔다.

행태주의 운동의 파고(波高)는 사회과학 전역을 풍미(風靡) 하였고, 분과 학문으로서의 국제정치학에도 예외 없이 범람(氾濫)하였는바, 이는 국제정치 이론 논쟁사의 맥락에서 이른바, '제2차 논쟁(the Second Debate)'[80]으로 명명되는 학술적 대립 양상을 야기하였다. 이 논쟁은 기본적으로 국제정치학 연구 방법론상의 논쟁이었으며, 그 중에서도 특히, 연구 방법론의 위계적 층위상 제3층위에서 전개된 전통주의적 연구 방법과 행태주의적 연구 방법 간의 논쟁이었고, 응당 그 결과는 전통주의적 연구 방법에 대한 행태주의적 연구 방법의 승리로 일단락되었다. 이 논쟁은 북미 주류의 양대 패러다임인 자유주의적 사조와 현실주의적 사조를 막론하고 광범위하게 전개되었으나, 그것이 전개된 제2차 세계대전 직후인 1950년대와 1960년대 양극체계의 상황에서는 상대적으로 자유주의적 사조보다는 현실주의적 사조가 우위적 지위를 점하고 있었기 때문에, 논쟁의 양상은 전통주의적 현실주의와 행태주의적 현실주의 간에 치열하게 전개되었다. 이때, 전통주의적 현실주의의 측에서는 불(H. Bull)[81]이 그리고 행태주의적 현실주의의 측에서는 캐플란(M.

---

80 이에 관해서는 K. Knorr and J. N. Rosenau (eds.), *Contending Approaches to International Politics* (Princeton: Princeton University Press, 1969) 참조.

81 이에 관해서는 H. Bull, "International Theory: The Case for a Classical Approach," in K. Knorr and J. N. Rosenau (eds.), *Contending Approaches to International Politics* (Princeton: Princeton University Press, 1969), pp. 20~38 참조.

A. Kaplan)[82]이 주도적으로 참여하여 이른바, '불-캐플란 논쟁(the Bull-Kaplan debate)'을 야기하였다.

현실주의적 사조 내에서 전개된 전통주의 대 행태주의 간의 연구 방법 논쟁은 현실주의의 네 가지 기본 가정[83], 즉, ① 단일의 가장 중요한 행위자로서의 국가(state as the single most important actor)(국가중심성 가정, state-centric assumption), ② 통합된 행위자로서의 국가(state as an unitary actor)(동질성 가정, homogeneity assumption), ③ 합리적 행위자로서의 국가(state as a rational actor)(합리성 가정, rationality assumption), 그리고, ④ 정당한 권위의 부재(absence of legitimate authority)(무성부성 가정, anarchy assumption) 등에 대한 침해는 유보한 상태에서 전개되었다. 특히, 행태주의적 현실주의 내부에서는 이와 같은 가정에 입각하여, 이론적 일반화를 위하여 국가적 행위의 원인을 어떠한 수준으로부터 모색할 것인가의 문제, 즉 분석 수준의 문제가 논쟁의 초점으로 등장하였다. 월츠(K. N. Walz)[84], 캐플란(M. A. Kaplan)[85], 그리고 싱어(J. D. Singer)[86] 등은 분석 수준의 문제를 국제정치학에 도입하여 학술적 심도를 가함으로써, 국제정치학의 독립적 지위를 확보하는 데에 중요한 역

---

82 이에 관해서는 M. A. Kaplan, "The New Great Debate: Traditionalism vs. Science in International Relations," in K. Knorr and J. N. Rosenau (eds.), *Contending Approaches to International Politics* (Princeton: Princeton University Press, 1969), pp. 39~61 참조.

83 P. J. Katzenstein, R. O. Keohane and S. D. Krasner, "International Organization and the Study of World Politics," *International Organization*, 52(4) (1998), p. 658.

84 이에 관해서는 K. Waltz, *Man, the State, and War* (New York: Columbia University Press, 1959); K. Waltz, *Theory of International Politics* (New York: Random House, 1979) 등 참조.

85 이에 관해서는 M. Kaplan, *System and Process in International Politics* (New York: John Wiley and Sons, 1957) 참조.

86 이에 관해서는 J. D. Singer, "The Level-of-Analysis Problem in International Relations," *World Politics*, 14(1) (1961), pp. 77~92 참조.

할을 수행하였다.

　1950년대 북미의 행태주의 운동 및 그 결과로서 등장한 행태주의적 사조와 행태주의적 연구 방법은 원자론(原子論, atomism)적 접근과 전일론(全一論, holism)적 접근 사이의 인식론적 논쟁을 야기하였다. 이 두 가지 접근은 1979년 발간된 월츠의 주저인『국제정치이론』(Theory of International Politics)이 출간된 이후, 이른바, 환원론(還元論, reductionism)적 접근과 체계론(體系論, systemism)적 접근으로 명명되었다. 즉, 월츠는 이에 대하여 "국제정치 이론은 몇 가지 방식으로 분류될 수 있다. … 이 구분은 (전쟁의) 원인이 개인(man), 국가(the state), 혹은 국가체계(the state system)[87] 중 어디에 위치하는가에 의한 것이다. 이보다 더 간략한 구분이 가능할 수 있는데, 그것은 이론을 환원론적인지 체계론적인지의 여부에 따라 분류하는 것이다. 개인 혹은 국가 수준(the individual or national level)의 원인들에 집중하는 국제정치 이론을 환원론적이라 하고, 국제, 혹은 체계 수준(the international or systemic level)에서 작동하는 원인들을 고려하는 이론을 체계론적인 것이라 한다."[88]라

---

[87]　월츠의 1959년 저작물인『인간, 국가, 그리고 전쟁』(Man, the State, and War)의 2001년 개정판 서문에서 저자는 1959년 판에서 사용되었던 '국가 체계(the state system)'라는 용어를 '훗날'(『국제정치이론』이 출간된 1979년) 보다 정교한 용어로써 정의했는데, 그것은 다름 아닌 '국제정치 체계의 구조(the structure of the international political system)'임을 밝히고 있다; K. Waltz, *Man, the State and War: A Theoretical Analysis(Revised Edition)*, (New York: Columbia University Press, 2001), p. 9.

[88]　이에 대한 원문의 내용은 다음과 같다; Theories of international politics can be sorted out in a number of ways. … according to the level at which causes are located-whether in man, the state, or the state system. A still simpler division may be made, one that separates theories according to whether they are reductionist or systemic. Theories of international politics that concentrate causes at the individual or national level are reductionist; theories that conceive of causes operating at the international level as well are systemic.; K. Waltz, *Man, the State, and War*, p. 18.

고 설명한다. 전자인 원자론적 접근 혹은 환원론적 접근은 체계의 개체적 구성요소들에 대한 연구가 국제정치 현상에 대한 이해의 증진을 도모한다는 입장, 즉 월츠의 표현을 따른다면, "부분에 대한 연구를 통하여 전체를 이해하려는 접근"[89]인 반면, 후자인 전일론적 접근 혹은 체계론적 접근은 체계의 전체적 구조(構造, structure)에 대한 연구가 국제정치 현상의 이해에 있어서 구성요소들에 천착한 연구를 압도한다고 보는 관점이다. 즉, 개체적 구성요소들의 형태는 체계에 배태된 구조에 의하여 형성된다는 것이다.

우선, 원자론 혹은 환원론적 접근을 살펴보면, 월츠는 국제정치학에서의 환원론적 접근을 행태주의적 연구 방법과 체계 기반 연구의 상호 정합성이 형성되는 제2차 세계대전 이전과 이후의 시기로 구별하여 설명하고 있는바, 이는 명시적(明示的, explicit) 환원주의와 묵시적 (黙示的, implicit) 환원주의로 명명될 수 있다. 우선, 전자에 해당하는 접근은 개인 혹은 국가 수준에 대한 연구를 통하여 국제, 혹은 체계 수준의 양상을 이해하려는 경우로서, 그는 과잉생산이나 과소소비와 같은 국가 수준의 변수를 통하여 제국주의라는 국제 혹은 체계 수준의 현상을 설명한 홉손(J. A. Hobson)[90]과 레닌(V. I. Lenin)[91]의 연구 및 홉스적 성악설에 기한 인간관이라는 개인 수준의 변수 및 그로부터 연역된 권력투쟁과 이익추구라는 국가 수준의 변수를 통하여 무정부성이라

---

89 이에 대한 원문의 내용은 다음과 같다; Essential to the reductionist approach, then, is that the whole shall be known through the study of its parts; K. Waltz, *Man, the State, and War*, p. 19.

90 이에 관해서는 J. A. Hobson, *Imperialism: A Study* (London: Allen and Unwin, 1938) 참조.

91 이에 관해서는 V. I. Lenin, Translator unnamed, *Imperialism, the Highest Stage of Capitalism* (New York: International Publishers, 1939) 참조.

는 국제 혹은 체계 수준의 현상에 도달한 모겐소(H. J. Morgenthau)[92]
와 키신저(H. A. Kissinger)[93]의 연구를 제시한다. 다음으로, 후자에 해
당하는 접근은 국제 혹은 체계 수준을 표방한다고 하더라도, 체계의
구성요소인 단위들의 특징이나, 상호작용의 특성을 통하여 체계의 속
성을 설명하려는 경우로서, 그는 "체계적 용어가 그저 상호작용과 상
호작용의 결과들을 묘사하기 위해 사용된"[94] 것으로 폄훼되는 로즈크
랜스(R. Rosecrance)[95], "인지적 감수성과 통찰적 예리함은 인상적이나,
이론적 모호성은 막연하고 혼동스러운"[96] 것으로 평가되는 호프만(S.
Hoffmann)[97], 그리고 긍정적 측면과 부정적 측면이 혼재한 것으로 설명
되는 캐플란[98] 등의 연구를 날카롭게 비판하고 있다.

다음으로, 전일론 혹은 체계론적 접근을 살펴보면, 하나의 수준에
서, 체계란 '상호작용하는 단위들의 집합(a set of interacting units)'으로
개념 정의된다. 하나의 체계는 하나의 구조로 구성되어 있다. 그리고 그
구조는 단순한 집단(collection)과는 구별되는, 집합(set)을 형성하는 단위

---

92 이에 관해서는 H. J. Morgenthau, *Politics Among Nations: The Struggle for Power and Peace* (New York: Alfred A. Knopf, 1948, and subsequent editions) 참조.

93 이에 관해서는 H. A. Kissinger, *Nuclear Weapons and Foreign Policy* (New York: Harper, 1957) 참조.

94 이에 대한 원문의 내용은 다음과 같다; Systems language is then used to describe interactions and outcomes; K. Waltz, *Man, the State, and War*, p. 41.

95 이에 관해서는 R. N. Rosecrance, *Action and Reaction in World Politics International Systems in Perspective* (Boston: Little, Brown and Company, 1963) 참조.

96 이에 대한 원문의 내용은 다음과 같다; The sensitivity of perception and the sharpness of insight are impressive, but any glimmerings of theory remain crude and confused; K. Waltz, *Man, the State, and War*, p. 49.

97 이에 관해서는 S. Hoffman, *The State of War; Essays on the Theory and Practice of International Politics* (New York: Praeger, 1965) 참조.

98 이에 관해서는 M. Kaplan, *System and Process in International Politics* 참조.

들에 대한 조망을 가능케 하는 체계 수준의 구성요소이다. 또 하나의 수준에서, 체계는 상호작용하는 단위들로 구성된다. 월츠에 의하면, 체계 이론의 목적은 이와 같은 두 가지 수준들이 어떻게 개별 작동하고 상호작용하는지를 제시하는 것에 있는바, 그들이 각각 분리될 것을 요구한다. 즉, A와 B의 구별을 유지할 수만 있다면, 어떻게 A와 B가 상호 간에 영향력을 행사할 수 있는가에 대한 문답이 가능한 것이다. 특정의 접근 혹은 이론이 진정으로 체계적인 것으로 평가 가능하기 위해서는, 어떻게 체계 수준 혹은 구조가 상호작용하는 단위들의 수준으로부터 구별되는가를 반드시 제시해야만 하는 것이다. 만약 그러한 구별적 능력을 제시할 수 없다면, 이른바, '체계적 접근' 혹은 '체계적 이론'은 존립 불가능하다.[99] 하나의 체계는 "구조 및 상호작용하는 단위들(a structure and of interacting units)"로 구성되는 집합이며, 여기에서 구조는 하나의 체계를 전체로서 조망할 수 있게 해 주는 범 체계적 구성요소인 것이다.[100]

월츠는 1959년 저작물인 『인간, 국가, 그리고 전쟁』(Man, the State and War)에서 전쟁의 원인으로서의 인간의 특성, 국가의 특징, 그리고 국제 체계의 본질 등 세 가지 양상들을 소개하였다. 그 내용을 압축적으로 설명하면, 그는 ① 개인(man or individual), ② 단위 혹은 국가(the state or unit), 그리고 ③ 국가 체계 혹은 국제정치 체계의 구조(the state system or the structure of the international political system) 등을 포함한

---

99   K. Waltz, *Man, the State, and War*, p. 40.
100   K. Waltz, *Man, the State, and War*, p. 79.

74

세 가지의 분석 수준[101]으로서의 양상을 제시하고, 삼자는 공히 국제 체계의 무정부적 구조(anarchical structure) 하에서 행동한다는 사실을 설명하였다. 미시적 측면에서의 논란의 여지를 감수하고 거시적 관점에서 관련 연구자들을 구분하면, 세 가지의 양상들 중 싱어와 캐플란은 단위 혹은 국가 수준의 연구를 선호한 반면, 월츠는 체계 수준의 탐구를 전개한 것으로 평가된다. 상기한 바와 같이, 월츠에게 있어서 체계란 더 이상 일반화된 개념으로서의 "(스스로) 상호작용하는 단위들의 집합(a set of interacting units)"이 아니라, 특수화되어야만 하는 개념으로서의 "구조 속에서 상호작용 하게 되는 단위들의 집합(a set of units interacting within a structure)"이었던 것이다. 그의 체계론적 접근은 국제정치학의 분석 수준 연구에 있어서 가장 괄목할만한 연구 결과로 평가되고 있다.

국제정치학에 있어서의 분석 수준 연구는 싱어가 상대적으로 선호한 단위 혹은 국가 수준, 그리고 월츠가 절대적으로 강조한 구조 기반의 체계 수준, 양자로 명확히 준별된다. 싱어는 1961년 논문인 "국제관계학에서의 분석 수준의 문제"("The Level-of-Analysis Problem in International Relations")에서 이른바, '국제 체계(international system)'와 '국가적 하위 체계(national sub-systems)' 양자를 포괄한 두 가지의 분석 수준을 소개하였다.[102] 그는 "이 논문의 목적은 널리 통용되고 있는 이

---

101 본 서에서 월츠는 분석 수준(level of analysis)라는 용어 대신 이미지(image)라는 용어를 사용하여, 제일이미지: 국제 갈등과 인간 행동(The First Image: International Conflict and Human Behavior), 제이이미지: 국제 갈등과 국가의 내적 구조(The Second Image: International Conflict and the Internal Structure of States), 제삼이미지: 국제 갈등과 국제적 무정부 상태(The Third Image: International Conflict and International Anarchy) 등의 표현으로써 목차를 구성하고 있다.

102 이에 관해서는 J. D. Singer, "The Level-of-Analysis Problem in International Relations," pp. 77~92 참조.

양자의 분석 수준과 관련한 쟁점을 부상시키고, 대안을 명시하며, 이론적 함의와 중요성을 검증하는 것이다."[103]라고 명시함과 동시에, 양자의 분석 수준 혹은 정향성(orientation)의 이론적 함의를 검증하기에 앞서 양자의 모델이 적용될 수 있는 용도 및 그 용도가 기대될 수 있는 조건에 관한 논의가 선행되어야 함을 밝힌다. 이를 위하여, 그는 양자의 분석 수준(혹은, 정향성, 혹은 모델)에 대한 강점과 약점을 묘사적 능력(descriptive capability), 설명적 능력(explanatory capability), 그리고 예견적 능력(predictive capability) 등의 측면에서 논하고 있다.[104]

그의 논리에 의하면, 전자인 국제 체계는 체계와 해당 체계의 환경 내부에서 발생하는 상호작용 전체를 포괄하는 가장 광역적인 유용한 분석 수준이다.[105] 우선, 국제 체계 수준의 분석은 묘사적 능력의 측면에 있어서 강점과 약점을 동시에 지닌다. 전자는 그것의 포괄성으로부터 유출된 것이고, 후자는 필요한 세부적 논리의 결여로부터 도출된 것이다. 다음으로, 국제 체계 수준의 분석은 구성요소들의 상호작용의 패턴에 대한 거시적 이해에 있어서, 그리고 이론적 일반화 및 그에 기한 예견적 능력의 발휘에 있어서 장점을 가진다. 즉, 체계 수준의 분석은 국제정치 현상에 대한 거시적, 추상적 관망의 기회를 창출하는 것으로 평가된다. 이에 반하여, 체계 수준의 분석은 미시적, 구체적 사안에 대

---

103 이에 대한 원문의 내용은 다음과 같다; It is the purpose of this paper to raise the issue, articulate the alternatives, and examine the theoretical implications and consequences of two of the more widely employed levels of analysis: the international system and the national sub-systems.; J. D. Singer, "The Level-of-Analysis Problem in International Relations," p. 78.

104 J. D. Singer, "The Level-of-Analysis Problem in International Relations," pp. 77~80.

105 J. D. Singer, "The Level-of-Analysis Problem in International Relations," p. 80.

한 설명적 능력의 확보가 결여되어 있다는 약점을 노정한다. 즉, 체계론적 접근 방식을 채택한 연구자들은 전체론적, 전일론적 관망의 견지에서 있기 때문에, 상대적으로 개체론적, 원자론적 분석에 집중할 기회를 상실하게 된다는 것이다. 그럼에도 불구하고, 싱어는 체계론적 정향성에 내포된 최대의 강점은 미래에 대한 예견적 능력의 보유에 있다는 점을 재차 강조한다. 즉, 체계론적 접근에서, 행위자들의 행태는 체계에 보유된 구조적 중압(重壓)의 논리 하에서 조성되는 일반화에 기하여 포괄적으로 예측될 수 있는 것이다.[106]

싱어에게 있어서, 상기한 바와 같은 국제 체계 수준의 분석이 행위자들의 행태에 대한 보편성을 강조하는 접근이라면, 국가 수준의 분석은 특수성에 주목하는 접근으로서, 단일의 가장 중요한 행위자로서의 국가가 추구하는 특정의 목적 유형들을 강조한다. 국가적 수준에서, 국가적 행위의 내부적, 외부적 요인들은 명확하게 준별된다. 따라서 도출되는 결과들 역시 체계적 수준이 제시하는 바와 상이할 수밖에 없다. 비록, 체계적 수준이 보다 거시적이고 포괄적인 안목을 제공하기는 하지만, 싱어에게 있어서 국가적 하위 체계 혹은 행위자 지향적 체계(actor-oriented system)는 그 자체의 정밀한 묘사적 능력과 상세한 설명적 능력으로 인하여 상대적으로 보다 유익한 결과를 창출한다는 견해를 피력한다. 그러나 그는 양자의 분석 수준은 공히 유사한 수준의 예견적 능력을 보유하고 있는 것으로 평가한다.[107] 정리하자면, 싱어는 국제 체계 수준의 분석은 예견적 능력에서 강점을, 설명적 능력에서 약점

---

106   J. D. Singer, "The Level-of-Analysis Problem in International Relations," pp. 80~82.
107   J. D. Singer, "The Level-of-Analysis Problem in International Relations," pp. 82~89.

을, 그리고 묘사적 능력에서는 강점과 약점을 동시에 보유하는 반면, 국가 수준의 분석은 모든 능력에서 공히 강점을 지니는 것으로 평가하고 있다. 그러나 해당 논문의 결론에서 그는 국제정치 연구란 국가적 혹은 국제 체계적 수준을 막론하고, 분석 수준의 문제만으로 제한 받는 영역이 아님을 논함과 동시에, 이 양자의 분석 수준 이외의 보다 유익하거나, 유효한 수준이 존재할 가능성 역시 열어 두고 있다.[108]

단위 수준의 분석은 1957년 저작물인 『국제정치학의 체계와 과정』(System and Process in International Politics)을 통하여 국제 체계들에 관한 유형론적 연구에 특화된 캐플란에 의해 선호되었다. 우선, 미시적 측면에서의 논란의 여지를 감수하고 우선 거시적 관점에서 캐플란을 평가하면, 그는 권력 배분 혹은 동맹 형태의 패턴들을 소개함과 동시에, 이 패턴들에 기하여 국제 체계 내부에서의 국가들의 행태를 설명하였다. 캐플란은 여섯 가지의 국제 체계 모형을 제시하고 있는 바, 이 체계 모형들은 공히 단위 수준 분석에 입각해 있음과 동시에 보유한 특성들 역시 우월한 단위들에 의해 규정된다. 여섯 가지의 국제 체계 모형이란, ① '권력균형' 체계(the 'balance of power' system)[109], ② 이완된 양극 체계(the loose bipolar system)[110], ③ 경직된 양극 체계(the tight bipolar system)[111], ④ 보편적 국제 체계(the universal international system)[112], ⑤ 위계적 국제 체계(the hierarchical international system)[113], ⑥ 전단위 거부

---

108   J. D. Singer, "The Level-of-Analysis Problem in International Relations," pp. 89~92.

109   M. Kaplan, *System and Process in International Politics*, pp. 35~46.

110   M. Kaplan, *System and Process in International Politics*, pp. 46~51.

111   M. Kaplan, *System and Process in International Politics*, pp. 51~53.

112   M. Kaplan, *System and Process in International Politics*, pp. 53~55.

113   M. Kaplan, *System and Process in International Politics*, pp. 55~57.

권 보유 체계(the unit veto system)[114] 등이다. 여기에서, '권력균형' 체계와 이완된 양극 체계는 역사적으로 실존했던 것들로서, 이들은 각각 18, 19세기 유럽과 제2차 세계대전 이후에 발견되는 체계들이며, 경직된 양극 체계, 보편적 국제 체계, 위계적 국제 체계, 전단위 거부권 보유 체계 등은 캐플란의 추론에 의해 가공된 것들로서, 이완된 양극 체계의 변형 가능한 모델들이다.

캐플란은 상기한 바와 같은 여섯 가지 모형의 특성과 행위를 다섯 가지의 변수들, 보다 구체적으로는 두 가지의 규칙들과 세 가지의 변수들을 통하여 설명한다. 두 가지의 규칙이란, ① 체계의 근본 성격을 규정하는 규칙으로서, 체계 변화는 방지하는 역할을 수행하는 체계의 기본 규칙(essential rules of a system)과 ② 체계의 기본 규칙이 변화하는 방식에 대한 규칙으로서, 체계 변화를 야기하는 기능을 발휘하는 체계의 변형 규칙(transformation rules of a system)이고, 행위자 분류 변수란, ① 행위자들의 유형을 일컫는 행위자 분류 변수(actor classification variables), ② 행위자들의 가용한 권력 능력을 의미하는 능력 변수(capability variables), 그리고 ③ 행위자들이 여타의 행위자에 대하여 보유하는 정보의 수준으로서의 정보 변수(information variables) 등이다. 이에 대한 월츠의 비판에 의하면, 캐플란이 제시한 두 가지의 규칙들과 세 가지의 변수들 중 전자는 국제 체계 수준에 해당하는 규칙들이나, 후자는 국가 수준에 머물고 있는 변수들임을 지목하고 특히, 후자를 환원주의적 설명이라 비판한다. 즉, "다섯 가지 변수들의 상대적 중요성과 상호작용이 제시되어 있지 않으며, 그렇지 않기 때문에 캐플란의 체계

---

114 M. Kaplan, *System and Process in International Politics*, pp. 57~58.

적 접근법은 이론을 구성한다고 일컬어질 수 없다. 그럼에도 불구하고, 다섯 가지 변수들 중의 하나인 '체계의 기본 규칙들'은 가장 중요한 것으로 보인다.".[115]

---

115 이에 대한 원문의 내용은 다음과 같다; The relative importance and the interactions of the five variables are not indicated, and, because they are not, Kaplan's systems approach cannot be said to constitute a theory. One of the five variables, "the essential rules of the system", nevertheless seems to be the weightiest; K. Waltz, *Man, the State, and War*, p. 51.

IV

국가적 경계 연구의 확장: 분석 수준 연구의 변형

    상기한 바와 같이, 월츠의 1979년 저작물인 『국제정치학』(Theory of International Politics)이 간행된 이후, 체계론적 접근은 국제정치 연구의 영역에서 가장 우월한 분석 단위로 자리매김해 왔다. 그러나 주지하다 시피, 그의 체계 수준 분석은 특정 국제정치적 사건들의 원인 규명에 대한 설명적 능력의 제공에 한계를 노정한 것으로 평가된다. 이른바, 갈등과 평화 연구소(COPRI, Conflict and Peace Research Institute)를 중심으로 활동한 코펜하겐 학파(the Copenhagen School)[116]의 견해에 의하면, 흔히 신현실주의(neorealism)로 명명되는 구조주의적 현실주의(structural realism)에 의해 채택된 체계 수준 분석은 특히, 안보 연구에 있어서 다음과 같은 세 가지의 약점을 노출하고 있는 것으로 평가된다; 첫째, 지

---

116   여기에서 거론되는 안보화(securitization) 이론은 부잔(B. Buzan), 웨버(O. wæver), 와일드 (J. de Wilde) 등을 중심으로 한 코펜하겐 학파에 의해 발전되어 왔다. 관련된 유의미한 대부분의 저작물들이 1985년 덴마크 코펜하겐에서 설립된 갈등과 평화 연구소(COPRI, Conflict and Peace Research Institute)에서 탈냉전 이후에 간행된 것이기 때문에, 이들에게 코펜하겐 학파라는 명칭이 부여되었다; 이에 관해서는 H. Stritzel, *Securitization Theory and the Copenhagen School* (London: Palgrave Macmillan, 2014) 참조.

구적 극성(極性, polarity)과 원인의 중요성을 과대평가한 나머지, 지역적 특성과 영향력을 간과하는 우를 범하고 있는 점, 둘째, 군사적 안보와 국가 행위자의 중요성을 지나치게 강조함으로써, 군사적 안보 이외의 영역과 국가 행위자 이외 주체의 상정을 거부하고 있는 점, 그리고 셋째, 객관적 접근을 과잉 강조한 결과, 지역의 사회적 구성과 안보를 경시하고 있는 점 등이다.[117]

코펜하겐 학파의 괄목할만한 공헌은 부잔과 웨버(B. Buzan & O. Waever)의 '지역안보복합체 이론(the Regional Security Complex Theory)'[118]의 전개를 선도했던 '사회적 안보(societal security)'와 '안보화 (securitization)'의 개념이었다. 우선, 사회적 안보는 "변화하는 조건들과 잠재적, 실재적 위협들 하에서, 고유한 기본적 성격을 유지하기 위한 특정 사회의 능력"[119]으로서 개념 정의된다. 부잔과 그의 동료들은 1998년 저작물인 『안보: 하나의 새로운 분석 틀』(Security: a new framework for analysis)에서 명확한 특성들과 맥락들에 의해 관리되고, 특수한 유관 대상들과 행위자들을 중심으로 개념화된 다섯 가지 부문, 구체적으로 군사 영역(국가와 정치체), 환경 영역(생명과 문명 보전), 경제 영역(국민 경제와 삶의 질), 사회 영역(집단 정체성), 그리고 정치 영역(주권과 국가

---

117   이에 관해서는 B. Buzan and O. Wæver, *Regions and Power: The Structure of International Security* (New York: Cambridge University Press, 2003) 참조.

118   이에 관해서는 B. Buzan and O. Wæver, "Macrosecuritisation and Security Constellations: Reconsidering Scale in Securitisation Theory," *Review of International Studies*, 35(2) (2009), pp. 253~276 참조.

119   이에 대한 원문의 내용은 다음과 같다; … the ability of a society to persist in its essential character under changing conditions and possible or actual threats; O. Wæver, B. Buzan, M. Kelstrup and P. Lemaitre, *Identity, Migration and the New Security Agenda in Europe* (New York: Palgrave Macmillan, 1993), p. 23.

이념) 등을 도입하여 안보에 대한 광범위한 이해를 공식화했다. 여기에서, 사회적 안보는 하나의 응집된 단위로서 특정 공동체의 생존과 직결되는 것이다. 그리고 사회적 안보의 관련 대상은 국가로부터 독립적으로 기능할 수 있는 대규모의 집단 정체성들이다.[120] 이와 같은 관점에서, 언어, 종교, 민족적 정체성, 그리고 문화적 전통 등은 여러 경로의 문화 수입(cultural imports)에 대응하여 보호되어야 할 필요가 있다.[121] 사회적 영역 내에서의 위협들은 내부적, 외부적 원인들을 보유하게 되고, 특정 원인들은 별도의 원인들로 변환되기도 한다.[122]

다음으로, 안보화 이론에 의하면 안보란 사회적으로, 상호주관적(inter-subjective)으로 구성되는 것이다. 즉, 안보란 객관적으로 실존하거나, 주관적으로 인지되는 위협적 문제가 아니라, '상호주관적 정치의 특수한 유형(a particular type of inter-subjective politics)'인 것이다.[123] 정치적 행위자들 혹은 안보화의 주체들은 기 수립된 그들의 목표를 정당화하기 위하여, 나아가 그러한 목표를 성취하기 위한 수단을 마련하기 위하여, 등장하는 쟁점들을 위협적 문제, 혹은 안보적 사안으로 대상화

---

120 B. Buzan, O. Wæver and J. D. Wilde, Security: *A New Framework for Analysis* (Colorado: Lynne Rienner Publishers, 1998), p. 22.

121 사회적 비안보(societal insecurity)는 특정 사회가 자체적 생존이 불가능할 수 있다는 공포에 직면할 때 등장하며, 그것의 원인으로는 ① 이주(migration): 집단 정체성의 과잉 혹은 결핍 조장하는 사람들의 유입과 유출, ② 수직적 경쟁(vertical competition): 보다 광역적인 조직 내부로의 집단의 통합, 수평적 경쟁(horizontal competition): 보다 강력한 정체성의 집단 내부로의 통합 등이 제시된다. 사회적 안보는 정치적 안보와 달리, 영토에 구속되지 않으며, 국가적, 사회적 안보 문제들은 광범위하게 분기하여 갈등으로 귀속된다; B. Buzan, O. Wæver and J. D. Wilde, Security: A *New Framework for Analysis*, p. 119.

122 이에 관해서는 Y. A. Stivachtis, "International Migration and the Politics of Identity and Security," *Journal of Humanities and Social Sciences*, 2(1) (2008), p. 1~24 참조.

123 B. Buzan, O. Wæver and J. D. Wilde, *Security: A New Framework for Analysis*, p. 26.

한다. 코펜하겐 학파가 제시한 안보화 이론의 주요 목적은 "누가, 왜, 그리고 어떠한 조건 하에서 쟁점들이 안보화 되는가?"를 이해하는 일이다. 즉, 코펜하겐 학파에 있어서는 존재론적으로, 국가가 아닌 사회 즉, 정치적 안보가 아닌 사회적 안보가 안보화 이론을 위한 연구 대상이 된다. 이와 같은 맥락에서, 국가적 정체성이 국제정치 연구의 새로운 주요 원천으로 수용되게 된다. 국가 행위자들에 배태되어 있는 이기적 태도는 자신들로 하여금 상호 대립하는 국가 간 쟁점들을 안보화 하게 한다. 달리 말하면, 상이한 국가 행위자들은 생존의 본질과 위협들을 각각 상이한 방식으로 이해한다. 이와 같이, 국가 행위자들에 있어서 특정의 쟁점은 특정의 위협으로서 간주되기 때문에 특정의 안보 쟁점이 되는 것이다. 그러므로 안보화는 근본적으로 특수한 상호주관적 과정인 것이다. 안보화의 과정은 지속화 혹은 반복화를 통하여 제도화에 도달할 수 있다. 이러한 측면에서, 군사적 쟁점들은 제도화된 안보화의 적적한 사례가 된다.[124,125]

위에서 언급한 바와 같이, 상술한 사회적 안보와 안보화의 개념은 지역안보복합체(RSC: Regional Security Complex) 이론의 전개를 선도하였다. 지역안보복합체 이론은 어떻게 지역적 분석 수준(regional level of analysis)에 입각한 연구가 국제정치적 현상에 대한 보다 우월한 설명력을 제공하는가를 해명한다. 부잔과 웨버의 연구에 의하여 제시된 지역적 분석 수준과 관련된 핵심 개념은 '복합적 안보(complex security)'인바,

---

124 이에 관해서는 B. Buzan and O. Wæver, Macrosecuritisation and Security Constellations: Reconsidering Scale in Securitisation Theory," pp. 253~276 참조.

125 따라서 코펜하겐 학파의 연구는 월츠가 1959년 저작물에서 제시한 세 가지 분석 수준, 즉, 개인 수준, 단위 혹은 국가 수준, 그리고 국가 체계 혹은 국제정치 체계의 구조 중 어디에도 포함되지 않는 중범위의 분석 수준(middle level analysis)을 채택한 것으로 평가된다.

이는 국가들의 개별적인 안보 관련 쟁점들이 합리적 행위자로서의 국가, 즉 합리성 가정의 논리에 입각한 합리적 분리가 불가능한 방식으로 복잡하게 상호 연결된 상황에 해당하는 안보이다. 복합적 안보의 주요 발상은 부잔과 웨버가 "국가에 의한 안보화와 탈 안보화의 상호 연결된 과정(an interlinked process of securitization and de-securitization of states)" 으로 단순하게 정의했던 그들의 초기 개념화를 "중요한 안보화 과정들과 탈 안보화의 과정들, 혹은 양자의 과정들이 상호 연관되어 있어서, 그들의 안보 문제들이 합리적으로 분석되거나 분리되어 해결될 수 없는 일련의 단위들"[126]로 수정한 1998년 저작물인 『안보: 새로운 분석을 위한 틀』(A New Framework for Analysis)의 발간을 통하여 본격화되었다.

상기한 바와 같은 복합적 안보의 발상은 부잔과 웨버가 새로운 시대의 국제정치학을 위한 분석 수준을 제공하기 위하여 기획한 2003년 저작물인 『지역과 권력: 국제적 안보의 구조』(Regions and Power: The Structure of International Security)[127]의 발간을 유도했다. 여기에서 그들은 특히, 냉전 종식 이후의 국제정치 연구를 위한 탁월한 도구로서, 안보의 지역적 분석 수준을 제시하였다. 본 저작물의 주된 관심은 국가적 수준에서의 초강대국 간 경쟁의 소멸과 국제 체계 수준에 있어서의 양극성의 종식으로 인하여, 중범위적 수준에서의 지역 국가들이 보다 확장된 운신의 폭을 보유하게 되었다는 사실이었다. 그들의 견해에 의하

---

126 이에 대한 원문의 내용은 다음과 같다; A set of units whose major processes of securitization, de-securitization, or both are so interlinked that their security problems cannot reasonably be analyzed or resolved apart from one another; B. Buzan, O. Wæver and J. D. Wilde, *Security: A New Framework for Analysis*, p. 201.

127 이에 관해서는 B. Buzan and O. Wæver, *Regions and power: the Structure of International Security*, 참조.

면, 냉전 종식 이후, 미국과 같은 독점적 지위를 구가한 초강대국 및 중국, 일본, 러시아, 그리고 유럽연합 등을 포함한 과점적 지위를 확보한 소수의 강대국들은 자국 소속 지역 외부에서 발생하는 안보 문제들에 대한 개입을 감수할 의지가 없는 것으로 설명된다. 그 이유는 유일 초강대국과 소수의 강대국들을 막론하고, 해당 국가들이 보유한 국내적 역량(domestic capabilities)이 세계적 요충지에 대한 군사적 개입과 전략적 경쟁에 착수할 만큼 충분하지 못하기 때문이다. 그러므로 지역적 관점에서 조망하더라도, 해당 국가들은 자국 소속 지역 내부의 군사적, 전략적 쟁점들에 대한 권력 행사를 위하여, 여타 지역에 대한 관할권의 행사를 포기하는 것 이외에 다른 대안을 보유하지 못한다는 것이다.

부잔과 웨버의 논리에 의하면, 지역안보복합체 이론은 연구자들에게 새로이 등장한 국제정치적 구조에 대한 보다 적절한 이해를 가능케한다. 지역안보복합체 이론은 흔히, 신현실주의로 명명되는 구조주의적 현실주의로부터는 견고한 영토성(bounded territoriality)과 권력의 배분(distribution of powers) 개념을 차용하고, 코펜하겐 학파로부터는 상기한 바와 같은, 사회적 안보와 안보화의 개념을 활용한다. 지역안보복합체 이론과 구조주의적 현실주의의 확연한 차이는 후자가 체계적 분석 수준에 입각하여 체계에 배태된 구조의 중요성을 절대적으로 강조하고 있는 반면, 전자는 이에 대한 수용을 거부하고, 지역적 분석 수준을 채택하고 있다는 점에 있다. 즉, 지역안보복합체 이론의 분석에서는 호의(好意, amity)와 적의(敵意, enmity)의 패턴이 안보 관계의 특성을 결정하는 독립변수로써 활용된다. 즉, 지역안보복합체는 "하위 체계적인 형태를 취하는 호의와 적의의 지속적인 패턴들에 기한, 지리적으로 일관된 안보 독립성의 패턴들"[128]인 것이다. 지역안보복합체 이론은 구성주의적 기원을 가지는 것으로 간주되는바, 그 이유는 국가 간의 호의와 적의의 패턴을 적용할 것을 강조함으로써, 국가 자체에 대한 이해는 지역적 분석 수준에 있어서 중요한 요인들 중 하나로만 간주되기 때문이다.

지역안보복합체 이론의 지역적 분석 수준에 의하면, 모든 지역 내에서는 역사적, 정치적, 물질적 조건들의 혼합에 의하여 특수한 안보적, 비안보적 패턴이 형성된다. 부잔과 웨버의 논리에 의하면, 안보는 개별적 지역안보복합체에 내재하는 호의와 적의 및 권력 관계의 패턴에 입각, 국가에 의하여 창출되는 것이다. 이에, 우선 지역안보복합체 형성을 위한 다음과 같은 네 가지의 상호 연관된 내적 분석 수준들이 등장하게 된다. 즉, ① 강대국과 약소국을 포함한 역내 국가들의 국내적 조건들, ② 지역안보복합체를 형성하는 국가 대 국가의 관계, ③ 특히, 인접 지역들과의 지역 대 지역의 관계, 그리고 ④ 지역안보복합체 내에서의 지구적 강대국들의 역할 등이 그것이다. 다음으로, 이와 같은 네 가지의 분석 수준들은 네 가지의 변수들을 포함하는 지역안보복합체의 기본 구조들을 규정한다. 즉, ① 해당 지역안보복합체를 인접 단위들로부터 구별하는 경계(boundary), ② 지역안보복합체가 두 개 이상의 자율적 단위들로 구성되어야 함을 의미하는 무정부적 구조(anarchic structure), ③ 단위들 간의 극성(polarity), 혹은 권력의 배분, 그리고 ④ 사회적 구성(social construction) 혹은 단위들 간 호의와 적의의 패턴적 의미 등이 그것이다. 마지막으로, 모든 지역안보복합체는 세 가지의 가능한 발전적

---

128 이에 대한 원문의 내용은 다음과 같다; … by durable patterns of amity and enmity taking the form of subglobal, geographically coherent patterns of security interdependence; B. Buzan and O. Wæver, *Regions and power: the Structure of International Security*, p. 45.

형태를 보유한다. 즉, ① 현상유지(maintenance of status quo), ② 상호작용하는 단위들 간의 권력배분 혹은 호의적, 적의적 패턴들 양자의 내부적 변형(internal transformations), 그리고 ③ 축소, 혹은 확대에 의해 특정 지역안보복합체의 경계가 변화할 때 등장하는 외부적 변형(external transformations) 등이 그것이다.[129]

부잔과 웨버에 의해 전개된 지역안보복합체 이론은 각각 흔히, 신현실주의로 명명되는 구조주의적 현실주의와 구성주의(constructivism)를 대표하는 저작물들인, 월츠의 『국제정치이론』(Theory of International Politics)[130]과 웬트(A. Wendt)의 『사회적 국제정치이론』(Social Theory of International Politics)[131] 양자로부터 그 개념적 요소들을 차용한 것으로 인식된다. 상술하자면, 지역안보복합체 이론에서 제시되는, 단극성(unipolarity)으로부터 다극성(multipolarity)에 이르는 극성(polarity)의 변화는 월츠로부터 취득한 이론의 구조적 요소인 반면, 갈등 형성(conflict formation)으로부터 안보 레짐(security regimes)과 안보 공동체(security communities)에 이르는 호의와 적의의 변화는 웬트의 저작물에 명시된 상호작용의 세 가지 이념형(ideal types), 즉 인간 본성, 혹은 본유관념에 관한 성악설로서의 홉스적 적의의 세계, 백지설(白紙說, theory of tabula rasa)로서의 로크적 경쟁의 세계, 그리고 성선설로서의 칸트적 호의의 세계 등을 반영한 것이다. 그러나 부잔과 웨버의 설명에 의하면, 자신들이 제시한 "갈등 형성은 웬트의 홉스적 모델보다는 오히려 광의적이고,

---

129 이에 관해서는 B. Buzan and O. Wæver, *Regions and power: the Structure of International Security*, 참조.

130 이에 관해서는 K. Waltz, *Man, the State, and War*, 참조.

131 이에 관해서는 A. Wendt, *Social Theory of International Politics* (New York: Cambridge University Press, 1999) 참조.

안보 레짐은 아마도 그의 로크적 모델보다는 오히려 협의적인 관념이다."[132]라고 강조하면서 이와 같은 웬트의 이념형과 거리를 두고 있는 것도 사실이다.

나아가, 부잔과 웨버는 지역안보복합체 이론이 지역적 분석 수준의 비교 연구에 적실한 토대를 제공함과 동시에, 상당한 정도의 예견적 능력 역시 부여한다는 점을 강조한다. 그들은 특히, 상기한 바와 같은 네 가지의 상호 연관된 내적 분석 수준들 중 마지막으로 거론된, '지역안보복합체 내에서의 지구적 강대국들의 역할'에 기한 지역안보복합체가 월츠가 제시한 체계적 구조에 입각한 구조주의적 현실주의의 관점을 보완하는 역할을 수행하게 된다는 점을 강조한다. 따라서 지역안보복합체 이론의 전개 속에서 지역적 분석 수준을 강조하고 있는 부잔과 웨버의 견지에서 볼 때, 특정한 개체론적 입장에 서 있는 국가적 분석 수준은 모든 국가 행위자들을 안보 분석의 주체로 상정하고 있기 때문에 이론적 일반성과는 정합성을 갖출 수 없으며, 특정한 전체론적 견지에 서 있는 체계적 분석 수준은 주로 소수의 강대국들만을 탐구의 대상으로 수용하고 있기 때문에 실재적 특수성과는 유리되어 있는 것이다. 그들에게 있어서는 오직, 국가를 포함한 주요 행위자들이 함께 연계하는 장소가 다름 아닌 지역인 것이며, 또한 국가적, 지구적 안보가 상호 작용하는 지점이 바로 지역이기 때문에 국제정치학 연구에 있어서 지역적 분석 수준의 강조가 요구되는 것이다.

---

132 이에 대한 원문의 내용은 다음과 같다; … conflict formation is rather wider than Wendt's Hobbessian model, and security regime is probably a rather narrower idea than his Lockean model; B. Buzan and O. Wæver, *Regions and power: the Structure of International Security*, p. 54.

V

결론

　　학문의 본질은 피투(被投)적 인간의 기투(企投)적 삶을 위한 '인간의 주체적 각성(覺醒)'이고, 그 각성의 활로는 포착되는 대상(對象)을 경계라는 기제[133]를 통하여 존재(存在)의 양상으로 변환시킨다. 나아가, 그 각성의 지평은 추상(抽象)에서 구체(具體)로, 구체는 다시 추상으로 환원되는 가운데 확장되어 간다. 즉, 확장적 탐구의 시각은 거시(巨視)에서 미시(微視)로, 미시는 다시 거시로 이행되는 과정의 연속인 것이다. 국제정치학에서 목도되는 무정부성이라는 상수, 권력, 제도, 관념, 계급이라는 각각의 핵심 변수들, 이에 천착하여 수립된 현실주의, 자유주의, 성찰주의, 마르크스주의라는 개별 학파들의 독자적 양상, 그리고

133　인간 이성의 작용에 의해 포착되는 대상은 공히, 경계라는 기제를 통하여 존재의 양상으로 변환된다. 인류가 구현해 낸 역사적 문화유산의 전부는 그것의 관념적, 물질적 형태를 막론하고 경계라는 장치로부터 도출된 것들이다. 특히, 가시적 물질문명의 잠재태(潛在胎)로서의 비가시적 정신문명을 선도해 온 인간의 사유능력은 결국 경계를 활용하여 입체적 지식집성체들을 창출해 왔다. 그리고 국가적 경계는 인류의 대표적 지식집성체로 간주된다; 최위정, "국가적 경계의 함의에 관한 연구," p. 254.

시대와 국가의 요청에 부응하며 개진된 개별 학파의 족적들로서의 국제 정치학 이론사, 나아가 이 이론사를 관통하는 대논쟁의 지점마다 발견되는 치열한 논변(論辯)들은 이와 같은 학문적 전개의 실존적 양상들이다. 본 연구에서는 웨스트팔리아 기점설이라는 역사적 사실을 통하여 확보된 기존의 국가적 경계 개념 위에 분석 수준이라는 학술적 기제를 통하여 구획된 새로운 국가적 경계의 획정 과정을 고찰하였다. 여기에서는 새로운 국가적 경계 연구의 등장으로서의 분석 수준 연구의 토대, 새로운 국가적 경계 연구의 전개로서의 분석 수준 연구의 전형(全形), 그리고 새로운 국가적 경계 연구의 확장으로서의 분석 수준 연구의 변형(變形)으로 귀속되는 본 연구를 요약하면서 결론에 대신할 것이다.

우선, '제2장 국가적 경계 연구의 등장: 분석 수준 연구의 토대'에서는 '행태주의 운동'에 투영된 학술적 의의와 '일반 체계 이론'에 내포된 학문적 목적을 규명함으로써, 이로부터 연역되는 구체적 양상으로서의 '행태주의 연구방법'과 '체계 기반 연구' 간 상호 정합성의 원리를 파악하였다. 이를 위하여 다음과 같은 서술 과정을 밟았다. 먼저, 완전한 '과학'으로서의 사회과학의 수립이라는 목적의식 하에서 출범하여, 1950년대 북미를 중심으로 본격적으로 개진되었던 학술 운동으로서의 '행태주의 운동'에 내포된 의의를 규명하였다. 그리고 그 운동의 결과로서 등장한 학술 사조로서의 '행태주의'가 위치하는 구체적 좌표를 사회과학, 특히 정치학 연구 방법론의 위계적 층위 하에서 확인하였다. 이에 더하여, 행태주의 운동의 구체적인 전개 양상을 제2차 세계대전 이전과 이후로 구분하여 설명하였는바, 먼저, 전자의 시기에 활동했던 월러스, 벤틀리, 메리엄, 캐틀린, 그리고 라스웰 등의 학술적 공헌을 집약적으로 설명하였고, 다음으로 후자의 시기에 활동했던 트루먼, 다알, 커크패트릭, 율로, 그리고 이스턴 등을 거론하였다. 특히, 이스턴이 명시한 행태주의에 내포된 여덟 가지 교의들을 소개하고, 이 교의들 중 여섯 번째 교의로 제시된 '체계화'를 지목하여 그 의의를 규명하고 그것의 '일반 체계 이론'과의 관련성을 도출하였다. 마지막으로, 일반 체계 이론의 선구자들로서의 베르탈란피, 애쉬비, 라포포트, 그리고 보울딩 등을 거론하면서 이들의 논리를 관통하는 핵심적 의도를 파악하고, 특히 보울딩의 견해에 입각하여 일반 체계 이론의 학술적 좌표를 확인하였다.

다음으로, '제3장 국가적 경계 연구의 전개: 분석 수준 연구의 전형'에서는 국제정치학 이론 논쟁사의 맥락에서, 전통주의와 행태주의 간 '연구 방법' 논쟁의 성격을 지닌 '제2차 논쟁'을 통하여 주류적 지위를 확보한 행태주의적 체계 기반 연구적 의의에 기하여, 이로부터 도출되는 '국가적 분석 수준'과 '체계적 분석 수준'의 준별, 나아가 체계적 분석 수준의 한계를 지목한 '구조' 기반의 '체계적 분석 수준'을 파악하였다. 이를 위하여 다음과 같은 논증 절차를 밟았다. 먼저, 전통주의적 현실주의에 대한 행태주의적 현실주의의 승리로 귀결된 '제2차 논쟁'의 의의를 확인하였다. 그리고 행태주의적 연구 방법에 배태된 인식론적 논쟁, 즉 원자론적 접근과 전일론적 접근 간의 논쟁을 월츠의 논리를 빌어, 환원론적 접근과 체계론적 접근으로 구별하였다. 나아가, 월츠의 1956년 저작물인 『인간, 국가, 그리고 전쟁』 및 1979년 저작물인 『국제정치이론』의 핵심적 내용을 정리함으로써, 그가 추구한 체계적 분석 수준의 절대적 우월성에 내포된 의미를 이해하였다. 이에 더하여, 싱어의 1961년 논문인 "국제관계학에서의 분석 수준의 문제"의 주요 논의를 집약하여,

국가적 분석 수준과 체계적 분석 수준에 공히 은닉된 강점과 약점을 부각시켰는바, 그가 묘사적, 설명적, 예견적 능력이라는 척도에 기한 평가를 통하여 국가적 분석 수준의 상대적 우위성을 강조하고 있음을 확인하였다. 마지막으로, 캐플란의 1957년 저작물인 『국제정치학의 체계와 과정』의 구체적 내용으로서의 국제 체계의 여섯 가지 모델을 이해하고, 이에 함축된 체계적 분석 수준으로서의 한계를 월츠의 견해를 빌어 제시하였다.

마지막으로, '제4장 국가적 경계 연구의 확장: 분석 수준 연구의 변형'에서는 국제정치학 이론 논쟁사의 맥락에서, 실증주의와 탈실증주의 간 '사유 방식 논쟁'의 성격을 지닌 '제3차 논쟁'을 통하여 북미의 합리주의에 대하여 대항적 지위를 확보한 유럽의 성찰주의 및 양자의 가교 역할을 모색하였던 구성주의적 의의에 기하여, '체계적 분석 수준'의 한계를 지목한 '지역안보복합체 이론' 기반의 '지역적 분석 수준'을 파악하였다. 이를 위하여 다음과 같은 설명 단계를 밟았다. 먼저, 탈실증주의적 견지에 서 있는 코펜하겐 학파의 관점을 통하여 구조주의적 현실주의의 체계적 분석 수준의 한계를 규명하였다. 그리고 부잔과 웨버의 1998년 저작물인 『안보: 하나의 새로운 분석 틀』의 설명을 빌어, '지역안보복합체 이론'의 전개를 선도했던 '사회적 안보'와 '안보화'의 개념을 파악하였다. 나아가, 부잔과 웨버의 2003년 저작물인 『지역과 권력: 국제적 안보의 구조』의 논증을 통하여, 냉전 종식 이후의 지구적 정치지형의 변화, 즉, 국가적 분석 수준에 요구되는 초강대국 간 경쟁의 소멸, 체계적 분석 수준에 요구되는 양극성의 종식으로 인하여, 국가적 분석 수준이나, 체계적 분석 수준이 아닌 지역적 분석 수준이 요구되고 있음을 확인하였다. 이에 더하여, 지역안보복합체 이론의 분석에서는 호의와 적의의 패턴이 안보 관계의 특성을 결정하는 독립변수로써 활용됨을 설명하였다. 마지막으로, 부잔과 웨버에 의해 전개된 지역안보복합체 이론에 내포된 월츠의 1979년 저작물인 『국제정치이론』 및 웬트의 1999년 저작물인 『사회적 국제정치이론』의 의의를 규명하였다.

제 **3** 편

국가적 경계의 사례

개관

　'제3편 국가적 경계의 사례'에서는 국가적 경계의 변화 하에서 가해지는 인류의 노력을 '인터레그(INTERREG)'로 명명되는 '유럽 영토 협력(ETC, the European territorial cooperation)'의 사례에 대한 분석을 통하여 제시할 것이다. 여기에서는 인터레그의 ① 좌표, ② 전략, ③ 정책, ④ 기금, 그리고 ⑤ 사업으로 귀속되는 주제들을 다룰 것이다. 우선, '제2장 인터레그의 좌표'에서는 인터레그라는 연구대상의 실체를 시간과 공간을 척도로 구분하여 파악하고, 이른바 '인터레그 Ⅴ(2014–2020)'를 주요 연구대상으로 추출한 후, 전략, 정책, 기금, 사업 등 위계적 관계 하에서 그 전모를 확인할 것이다. 다음으로, '제3장 인터레그의 전략: 유럽 2020(the Europe 2020)'에서는 유럽의 10년 단위 경제 전략인 '유럽 2020(the Europe 2020)'과 '인터레그 Ⅴ(2014–2020)'의 관계를 조망할 것이다. 그리고, '제4장 인터레그의 정책: 유럽 결속정책(the European Cohesion Policy)'에서는 유럽연합이 표방하는 지역정책의 기조인 '유럽 결속정책(Europe Cohesion Policy)'과 '인터레그 Ⅴ(2014–2020)'

의 관계를 서술할 것이다. 또한, '제5장 인터레그의 기금: 유럽 지역개발기금(ERDF, European Regional Development Fund)'에서는 유럽 지역개발기금을 포함하여 총 다섯 가지의 기금들로 구성된 '유럽 구조투자기금(ESIF, the European Structural and Investment Funds)'과 '인터레그 V(2014-2020)'의 관계를 제시할 것이다. 마지막으로, '제6장 인터레그의 사업: 인터레그 V(INTERREG V)'에서는 '인터레그 A, B, C'와 '인터레그 V(2014-2020)'의 관계를 설명할 것이다.

I

서론

    국가적 경계의 본질은 변화(變化)에 있다. 외적 형식의 물질적 표상을 관통하는 내적 변화의 관념적 해석은 국가적 경계가 처한 환경에 따라 독특한 방식으로 변천한다. 이와 같은 국가적 경계의 변화는 구체적으로, 체계적 분석 수준에서는 '지구화(globalization)', 지역적 분석 수준으로 수렴되는 구조 기반의 체계적 분석 수준에서는 '유럽연합(EU)', 그리고 국가적 분석 수준에서는 개별 국가의 지방행정체제에 내재하는 행정구역들의 등장으로 표출된다. 국가적 경계는 다양한 종족, 인종, 종교, 언어 등으로 구별되는 사회적 집단들의 구성적 과정이자 구조적 결과이며, 그들 간 조화의 부재는 갈등과 전쟁의 영속적 원천으로 남게 된다. 이는 특히, 유럽에서 유럽석탄철강공동체(ECSC, European Coal and Steel Community)의 발족, 유럽경제공동체(EEC, European Economic Community)와 유럽원자력공동체(EURATOM, European Atomic Energy Community)의 출범, 그리고 이에 기한 유럽공동체(EC, European Communities)의 수립과 유럽연합(EU, European Union)의 출현

에 이르는 유럽 통합 과정과 그 맥을 같이 한다.[134]

본 연구에서는 국가적 경계의 변화 하에서 가해지는 갈등과 전쟁의 극복 및 협력과 평화의 창출을 향한 인류의 노력을 흔히 '인터레그(INTERREG)'로 명명되는 '유럽 영토 협력(ETC, the European territorial cooperation)'의 사례에 대한 분석을 통하여 제시하고자 한다. 사실, 유럽에서의 영토 협력의 기원은 제2차 세계대전 직후의 '마을 결연(town-twinning)'사업이나 1950년대의 화란-독일의 국경 및 북유럽에서 전개된 일련의 국경 간 협력(cross-border cooperation)으로 거슬러 올라갈 수 있다. 그러나, 유럽연합 차원에서의 유럽 영토 협력은 1990년의 '인터레그 공동체(INTERREG Community)' 계획의 출범과 함께 시작되었으며, 특히 이 계획 하의 사업들을 추진하기 위한 재정적 지원을 보장한 1988년의 '유럽 지역개발기금 규정(Regulation on the European Regional Development Fund)'과 같은 신생 결속 정책의 구조에 의해 제공된 새로운 계기에 기하여 구축되었다.[135]

이하의 논의에서는 인터레그에 대한 전반적이고도 입체적인 이해를 도모하기 위하여 좌표, 전략, 정책, 기금, 사업, 그리고 평가 등 여섯 가지의 범주 하에서 그 내용을 기술할 것이다. 보다 구체적으로 ① 좌표의 측면에서는 인터레그라는 연구대상의 실체를 시간과 공간을 척도로 구분하여 파악하고, 이른바 '인터레그 V(2014-2020)'를 주요 연구대

---

134 이에 관해서는 J. Anderson and J. Goodman, "Regions, States and the European Union: Modernist Reaction or Postmodern Adaption?," *Review of International Political Economy*, 2(4) (1995), pp. 600~631 참조.

135 C. van Lierop, "Thirty Years of European Territorial Cooperation," *European Parliamentary Research Service*, November (2020), p. 2.

상으로 추출한 후, 전략, 정책, 기금, 사업 등 위계적 관계 하에서 그 전모를 확인할 것이다. ② 전략의 측면에서는 유럽의 10년 단위 경제 전략인 '유럽 2020(the Europe 2020)'과 '인터레그 Ⅴ(2014-2020)'의 관계를 조망할 것이고, ③ 정책의 측면에서는 유럽연합이 표방하는 지역정책의 기조인 '유럽 결속정책(Europe Cohesion Policy)'과 '인터레그 Ⅴ(2014-2020)'의 관계를 서술할 것이며, ④ 기금의 측면에서는 총 다섯 가지의 기금들로 구성된 '유럽 구조투자기금(ESIF, the European Structural and Investment Funds)'과 '인터레그 Ⅴ(2014-2020)'의 관계를 제시할 것이며, ⑤ 사업의 측면에서는 '인터레그 A, B, C'와 '인터레그 Ⅴ(2014-2020)'의 관계를 설명할 것이며, ⑥ 평가의 측면에서는 '인터레그 Ⅴ(2014-2020)'의 강점과 약점을 기술할 것이다.

II

인터레그의 좌표

1990년에 창설된 최초의 유럽 영토 협력 계획인 '인터레그 I (INTERREG I)'은 ① '국경 간 협력(cross-border cooperation)'에 중점을 두었다. 이 국경 간 협력 활동은 보다 확장된 지역의 국가들이 참여하는 ② '초국가적 협력(trans-national cooperation)'과 유럽연합 전(全) 지역을 하나로 묶는 ③ '지역 간 협력(inter-regional cooperation)'처럼, 보다 광역적인 계획들을 포함해 가면서 수년에 걸쳐 확대되었다. 이와 같은 3가지의 가닥(3 strands)이 결합되어 하나의 "유럽 영토 협력(ETC, the European territorial cooperation)"을 구성하였다. 이는 2014-2020 기간 동안 '유럽 결속정책(the European Cohesion Policy)'의 두 가지 주요 목표 중 하나로서 흔히 '인터레그(INTERREG)'로 명명되어 왔으며 2020년에 30주년을 맞이하였다.

1990년 인터레그 프로그램이 최초로 도입된 이래, 유럽 집행위원회 (the European Commission)는 접경지역을 주요 정책 대상으로 지목하여, 이를 유럽 통합을 위한 프로젝트, 특히 유럽 단일시장(the European

Single Market)의 성취와 긴밀하게 연동시켰다. 그 이후, 일련의 상이한 인터레그 기간들이 순차적으로 전개되는 동안, 유럽연합(the European Union)의 공동 자금 지원 대상으로 선정된 국경 간(cross-border), 초국가적(trans-national), 그리고 지역 간(inter-regional) 협력 프로그램의 수효는 점차적으로 증가하였다. 그러나 인터레그가 '유럽 결속정책'의 2가지 목표들 중 하나인 "유럽 영토 협력"이라는 기치와 온전히 통합된 것은 17년이 지난 2007년의 일이었다.

"유럽 영토 협력"은 초기에 주로 유럽연합 공간정책계획(the European Union Spatial Policy and Planning)의 관점 하에서 진행되었으나, 신자유주의적 세계화가 가속화된 2000년대 이후, 유럽연합의 경제적 지위 고양을 목표로 전개되고 있다. "유럽 영토 협력"은 유럽연합의 유례없이 팽창한 영토를 포괄함과 동시에, 유럽 집행위원회의 전례없이 증대된 예산 자원과 연동되면서, 시간의 추이를 따라 확장되고 강화되었다. "유럽 영토 협력"의 명백한 성공에도 불구하고, 최근 발생한 유럽의 위기적 징후를 고려할 때, 미래의 "유럽 영토 협력"에 있어서 지역, 지방, 국가, 그리고 대륙을 관통하는 모든 이해관계자들을 망라하는 입체적인 협력 메커니즘의 구축이 필수적으로 요구된다. 또한, 유럽 집행위원회에 있어서는 경제적 지위라는 산술적 지위의 기준을 넘어, 사회적, 인도적 가치라는 실질적 척도에 주목할 것이 불가결하게 요청되고 있다.[136]

본 연구에서는 '인터레그'로 명명되는 '유럽 결속정책'이 지향하는 주

---

136 이에 관해서는 B. Reitel, B. Wassenberg and J. Peyrony, "The INTERREG Experience in Bridging European Territories. A 30-Year Summary," in Eduardo Medeidos (ed.) *European Territorial Cooperation* (Lisbon: Lisbon University, 2018), pp. 7~23 참조.

요 목표로서의 "유럽 영토 협력"을 주요한 '연구대상'으로 삼는다. 그리고 이 연구대상으로서의 '인터레그'는 다시 시간과 공간을 척도로 구분되어 몇 가지의 범주를 구성하게 되는 바, ① 시간을 척도로 구분되는 '인터레그 Ⅰ~Ⅴ(INTERREG Ⅰ~Ⅴ)' 및 ② 공간을 척도로 구분되는 '인터레그 A~C(INTEREREG A~C)', 그리고 ③ 양자의 교호(交互)적 결과로서 등장하는 여러 단위들이 사업, 즉 프로그램(programmes)이 되며, 이 프로그램을 주요 '분석단위'로 삼는다. 특히, 본 연구는 주요 연구대상으로서의 '인터레그'가 유럽이라는 영토적 토대 위에서 30여 년에 걸쳐 전개되어 온 경로 중, 2014-2020년 기간 동안을 주요 '연구범위'로 삼는 바, 결국 '인터레그 Ⅴ-A, Ⅴ-B, Ⅴ-C'가 핵심적인 '분석단위'가 된다.[137]

즉, '유럽 결속정책'이라는 정책이 표방하는 주요 목표(objectives)로서의 "유럽 영토 협력", 이른바 '인터레그'가 주요 연구대상이 되고, 이를 구성하는 하위 범주인 사업들(programmes)로서의 '인터레그 Ⅴ'가 주요 분석단위가 되며, 그것을 구체화하는 후속 범주로서의 '인터레그 Ⅴ-A, Ⅴ-B, Ⅴ-C'가 핵심 분석단위로 설정된다. 이 핵심 분석단위들은 다시, 그것을 창출한 상위 범주들을 향하여 단계적으로 귀인(歸因)하여

---

137 또한 연구전통, 사유방식, 연구방법, 그리고 연구기법을 망라하는 일련의 체계로서의 연구방법론(methodology) 중 특히, 연구기법의 측면에서 문헌조사기법을 채택하는 바, 본 고에서는 주로 상기한 바와 같은 연구대상과 분석단위를 포괄하는 1차 자료들을 활용한다. 이에, 유럽연합을 구성하는 통치기관들, 즉 직접 선출에 의해 유럽시민을 대표하는 '유럽 의회(the European Parliament)', 각국 정상들의 모임인 '유럽 이사회(the European Council)', 회원국 간 문제 해결을 위한 각국 장관들의 회의체인 '유럽 각료이사회(CEU, the Council of the European Union)', 그리고 각종 정책 입안 및 집행을 담당하는 '유럽 집행위원회(the European Commission)' 등 4가지 기관의 홈페이지 및 이로부터 발행된 각종 보고서를 분석한다.

확정될 때, 포착된 대상은 분석된 단위를 경유하여 규정된 존재로서의 좌표가 확인된다. 이에, 본 연구에서는 우선 전략(strategy), 정책(policy), 기금(fund), 정책사업(programme)이라는 위계적 관계 속에서 핵심 분석단위의 좌표를 확인하고자 한다. 보다 구체적으로, 전략으로서의 '유럽 2020(the Europe 2020)', 정책으로서의 '유럽 결속정책 2014-2020(the European Cohesion Policy)', 기금으로서의 '유럽 구조투자기금 2014-2020(ESIF, the European Structural and Investment Funds 2014-2020)', 사업으로서의 '인터레그 V-A, V-B, V-C' 등이 그것이다.[138]

특히, 유럽연합이 전개하는 전략의 구현 방식은 한마디로, 정책과 기금의 상호 융합적 병렬 관계로서 표현될 수 있다. 즉, 정책으로서의 '유럽 결속정책 2014-2020'은 기금으로서의 '유럽 구조투자기금 2014-2020'으로 표명된다. 이에, '유럽 구조투자기금 2014-2020'을 구성하는 5가지의 개별적 기금들의 예산의 규모는 다음과 같다.

---

138 전형적인 기획의 양상은 크게 전략기획과 사업기획으로 구분된다. 즉, 상위의 추상적, 관념적 기획으로서의 전략기획과, 이에 기하여 전개되는 하위의 구체적, 물질적 기획으로서의 사업기획으로 준별된다. 구체적으로, 전자로서는 ① 존재이유로서의 임무(missions), ② 지도원리로서의 가치(values), ③ 미래상으로서의 비전(visions), ④ 차별화로서의 전략(strategies) 등이 해당되고, 후자로서는 ① 특화된 전략으로서의 전략목표(strategic objectives), ② 사업구조(분야와 부문)로서의 정책(policies), 이에 기한 ③ 정책사업(programmes), ④ 단위사업(activity), ⑤ 세부사업(projects) 등으로 세분화 되는 양상이 있으나, 여기에서는 편의상 ① 전략(strategies), ② 정책(policies), ③ 기금(funds), ④ 정책사업(programmes) 등의 수준으로 구분한다.

■ '유럽 구조투자기금 2014-2020'의 규모[139]

〈단위: Billion EUR〉

ESIF		유럽연합 할당액		개별국가 할당액	총액	
유럽 결속정책	ERDF	390.63 (74%)	223.43(43%)	79.06	519.02 (72%)	302.50(42%)
	CF		61.45(12%)	11.21		72.67(10%)
	ESF (YEI제외시)		105.75(20%) [96.80(18%)]	38.10 (36.60)		143.85(20%) (133.40)
EAFRD		128.72(25%)		62.79	191.52(26%)	
EMFF		5.65(1%)		2.20	7.85(1%)	
총계		525		193.36	718.39	

ESIF, the European Structural and Investment Funds, 유럽 구조투자기금
ERDF, the European Regional Development Fund, 유럽 지역개발기금
ESF, the European Social Fund 유럽 사회기금
YEI, the Youth Employment Initiative 청년고용계획
CF, the Cohesion Fund, 결속기금
ERFRD, the European Agricultural Fund for Rural Development, 농촌개발을 위한 유럽농업기금
EMFF, the European Maritime and Fisheries Fund, 유럽 해양수산기금

---

139 이에 관해서는 유럽연합 집행위원회 홈페이지에 수록된 내용 및 보고서들을 참조하였음; https://cohesiondata.ec.europa.eu; 특히, 홈페이지 내용의 경로는 다음과 같음; European Commission > European Structural & Investment Funds > Data의 각 항목 및 항목별 세부항목, 즉 ① Home, ② Overview, ③ Themes, ④ Countries, ⑤ Funds, ⑥ Programmes, ⑦ Projects, ⑧ Stories 등을 참조; 특히 여기에서는 ⑤ Funds의 세부항목들인 ① The European Regional Development Fund(ERDF), ② The Youth Employment Initiative(YEI), ③ The European Agricultural Fund for Rural Development(EAFRD), ④ The European Social Fund(ESF), ⑤ The Cohesion Fund(CF), ⑥ The European Maritime & Fisheries Fund(EMFF) 등을 참조하였음.

■ '인터레그'의 전략적 좌표

유럽 2020

▼

유럽 구조투자기금 2014-2020

▼

유럽 결속정책 2014-2020
(the European Cohesion Policy 2014-2020)
390.63 bn EUR

▼

| 결속기금
(CF, the Cohesion Fund)
61.45 bn EUR(12%) | 유럽 사회기금
(ESF, the European Social
Fund)
105.75 bn EUR(20%) | 유럽 지역개발기금
(ERDF, the European Regional
Development Fund)
223.43 bn EUR(43%) |

▼

유럽 결속정책 목표 1
성장과 일자리를 위한 투자
(Investment for Growth and Job)

유럽 결속정책 목표 2
유럽 영토 협력
(ETC, the European Territorial
Cooperation)

▼

인터레그 V(2014-2020)
[INTERREG V(2014-2020)]
10.1 bn EUR

▼

인터레그 A, 국경 간 협력 프로그램
(INTERREG A, Cross-Border Cooperation Programmes)

인터레그 B, 초국적 협력 프로그램
(INTERREG B, Transnational
Cooperation Programmes)

▼

60개 프로그램
(16개 ENI 프로그램, 12개 IPA 프로그램)

15개 프로그램

(ESIF, the European Structural and Investment Funds 2014–2020)
525 bn EUR

공동농업정책 (the Common Agricultural Policy)	공동어업정책 (the Common Fishery Policy)

▼

▼

농촌개발을 위한 유럽농업기금 (EAFRD, the European Agricultural Fund for Rural Development) 128.72 bn EUR(25%)	유럽 해양수산기금 (EMFF, the European Maritime and Fisheries Fund) 5.65 bn EUR(1%)

▼

인터레그 C, 지역 간 협력 프로그램
(INTERREG C, Interregional Programmes)

▼

4개 프로그램

Ⅲ

인터레그의 전략: 유럽 2020(the Europe 2020)[140]

유럽 집행위원회(the European Commission)는 2010년 3월(2010. 3. 3) 유럽의 10년 단위 경제 전략인 '유럽 2020(the Europe 2020)' 제안서를 발표하였고, 동 제안서는 일부 수정을 거쳐 동 년 6월(2010. 6. 17) 정상회의에서 채택되었다. '유럽 2020'은 스스로 다음과 같은 문제의식에 기반을 두고 있음을 밝히고 있다; "유럽은 변화의 순간에 직면해 있다. 위기는 수년간의 경제적, 사회적 진보를 앗아갔고, 유럽 경제의 구조적 약점을 드러냈다. 한편 세계는 빠르게 움직이고 있으며 세계화, 자원에 대한 압박, 고령화와 같은 장기적인 과제가 심화되고 있다. 이제 유럽연합이 미래를 책임져야 한다."

아울러, "스마트하고, 지속가능하며, 포용적인 성장을 위한 유럽 전략(a European strategy for smart, sustainable and inclusive growth)"이라는 부제가 부여되어 있는 본 전략에서는 다음과 같이 구체적인 전략과 비전의 제시 필요성을 제시하고 있다; "유럽은 연합으로서 집단적으로 행동한다면 성공할 수 있다. 우리는 위기에서 더 강하게 벗어나 유럽연합

---

140 이에 관해서는 European Commission, *Europe 2020: A strategy for smart, sustainable and inclusive growth: Communication from the commission* (Publications Office of the European Union, 2010) 참조.

을 높은 수준의 고용, 생산성 및 사회적 결속을 제공하는 스마트하고, 지속 가능하며, 포용적인 경제로 전환하는 데 도움이 되는 전략이 필요하다. '유럽 2020'은 21세기 유럽의 사회적 시장경제(社會的 市場經濟, social market economy)에 대한 비전을 제시한다."

'유럽 2020'은 다음과 같은 3가지의 상호 보완적인 우선순위를 제시한다; "① 스마트한 성장(smart growth): 지식과 혁신을 기반으로 경제를 발전시킨다, ② 지속가능한 성장(sustainable growth): 보다 자원 효율적이고 친환경적이며 경쟁력 있는 경제를 촉진한다, ③ 포용적 성장(inclusive growth): 사회적, 영토적 결속력을 제공하는 고수준의 고용 경제를 육성한다."

'유럽 2020'은 유럽연합이 2020년까지 도달해야 할 지위의 제시를 강조하고 있는 바, 이를 위해 유럽 집행위원회는 다음과 같은 5가지의 핵심목표를 제안한다; "① 20-64세 인구의 75%가 고용되어야 한다, ② 유럽연합 GDP의 3%를 연구개발에 투자해야 한다, ③ 이른바, '20/20/20' 기후/에너지 목표를 달성해야 한다(조건이 맞는 경우 온실가스 배출량 감소의 30%까지 증가), ④ 조기졸업자의 비율은 최대 10% 미만이어야 하며, 청소년 세대의 최소 40%는 고등교육학위를 소지해야 한다, ⑤ 2천만 명의 사람들을 빈곤으로부터 해방시켜야 한다."

'유럽 2020'은 상기한 바와 같은 5가지의 핵심목표들이 상호 연관되어 있음과 동시에 유럽연합 전체의 성공을 위하여 중요한 요소들임을 재차 강조하면서, 각 회원국들이 본 전략을 개별적 상황에 적용할 수 있도록 핵심 목표들을 국가적 목표로 변환할 것을 제안하고 있다. 또한, 5가지의 핵심목표들은 "스마트하고, 지속가능하며, 포용적인 성장"이라는 3가지 우선순위를 대표하기는 하나, 보다 구체적으로 이를 보강하기 위해서는 국가, 연합, 그리고 국제 수준의 광범위한 조치가 필요함을 역설하면서, 7가지 주요계획을 제시하고 있다.

"① 혁신적인 아이디어가 성장과 고용을 창출하는 상품과 용역으로 전환될 수 있도록, 연구와 혁신을 위한 기본 조건과 재정 접근을 개선하기 위한 '혁신 연합(innovation Union)', ② 교육 시스템의 성과를 높이고 노동 시장에 대한 청년들의 진입을 촉진하기 위한 '행동하는 청년(youth on the move)', ③ 고속 인터넷 보급 속도의 향상과 가정 및 기업을 위한 디지털 단일 시장의 이익 향유를 위한 '유럽을 위한 디지털 의제(a digital agenda for Europe)' ④ 자원 사용과 경제 성장의 분리를 도모하고, 저탄소 경제로의 전환을 지원하며, 재생 에너지 원천의 사용을 증대하고, 유럽 운송 부문을 현대화하며, 에너지 효율을 촉진하기 위한 '자원효율 유럽(resource efficient Europe)', ⑤ 특히, 중소기업을 위한 사업 환경을 개선하고, 전 지구적 경쟁력을 구비한 강력하고도 지속가능한 산업적 기반의 개발을 지원하기 위한 '세계화 시대를 위한 산업 정책(an industrial policy for the globalisation era)', ⑥ 노동 참여의 증대 및 노동 이동을 포함한 노동 수급의 조화라는 관점에서, 생애 주기 전반에 걸친 기술 숙련을 통하여, 노동시장을 현대화하고 노동자의 권한을 강화하기 위한 '새로운 기술 및 직업을 위한 의제(an agenda for new skills and jobs)', ⑦ 성장과 고용의 혜택이 널리 공유되고, 빈곤과 사회적 배제를 경험하는 사람들이 존엄하고 사회에 참여할 수 있도록 사회적, 영토적 결속을 보장하기 위한 '빈곤에 반대하는 유럽 플랫폼(European platform against poverty)' 등"

상기한 바와 같은 7가지의 주요계획은 유럽연합과 개별적 회원국들에 공히 적용된다. 유럽연합 수준의 수단들, 특히 단일 시장, 금융 수단, 그리고 외부의 정책 도구들은 원활한 교류를 도모하고 '유럽 2020'

의 전략적 목표를 달성하기 위해 충실하게 동원된다. 특히, 유럽 집행위원회는 즉각적 우선순위로서, ① 신뢰할 수 있는 출구 전략을 정의하고, ② 금융 시스템의 개혁을 추구하며, ③ 장기적 성장을 위한 예산 통합을 보장하고, ④ '유럽연합 경제통화동맹(EMU, the Economic and Monetary Union of the European Union)'의 내적 조정을 강화하기 위해 수행해야 할 작업을 구체화하고 있다.

'유럽 2020'은 다음과 같이, 보다 강력한 경제적 거버넌스의 필요성을 역설하였다; "'유럽 2020'은 2개의 기둥에 의존하게 된다; ① 우선순위 및 핵심목표들과 결합된 상기한 바와 같은 주제별 접근, 그리고 ② 회원국들로 하여금 지속가능한 성장과 공공 재정으로 회귀하기 위한 그들의 전략을 개발할 수 있도록 지원하는 국가 보고서. 통합된 지침은 유럽연합 우선순위 및 핵심목표들의 범위를 다루기 위해 유럽연합 수준에서 채택된다. 특수한 국가별 권장 사항은 회원국에 전달될 것이다. 대응이 부적절할 경우 정책 경고가 발령될 수 있다. '유럽 2020'의 보고와 '안정성 및 성장협약(SGP, the Stability and Growth Pact)'의 평가는, 수단의 분리와 협약의 권위가 유지되는 가운데, 동시에 수행된다."

또한, "① '유럽 이사회(the European Council)'는 완전한 소유권을 가지며 새로운 전략의 초점이 된다. ② '유럽 집행위원회'는 목표를 향한 진행 상황을 단속하고, 정책 교환을 촉진하며, 행동을 주도하고, 유럽연합 주요계획의 발전에 필요한 제안을 한다. ③ '유럽 의회(the European Parliament)'는 시민을 동원하고 주요계획에 대한 공동 입법자의 역할을 수행하는 원동력이 된다. 이와 같은 동반자적 접근 방식은 '유럽 집행위원회', 회원국 의회, 국가, 지방 및 지역 당국, 사회적 동반자, 이해관계자 및 시민사회로 확장되어 모든 사람이 비전을 이행하는 데 참여해야 한다."

■ '유럽 2020'의 핵심목표, 우선순위, 그리고 주요계획

- 20-64세 인구의 고용률을 현재 69%에서 75% 이상으로 높인다.
- 특히, 민간 부문의 R&D 투자 여건을 개선하여, GDP의 3%를 R&D에 투자한다는 목표를
- 온실가스 배출량을 1990년 수준과 비교하여, 최소 20% 또는 조건이 맞는 경우 30%까지
- 조기졸업자의 비율을 현행 15%에서 10%로 줄이고, 30~34세 중, 고등교육을 이수한 인구
- 국가 빈곤선(貧困線) 이하로 생활하는 유럽인의 수를 25% 감소시켜, 2천만 명의 사람들을

스마트한 성장(smart growth)	지속가능한 성장(sustainable growth)
혁신(innovation) 혁신적인 아이디어가 성장과 고용을 창출하는 상품과 용역으로 전환될 수 있도록, 연구와 혁신을 위한 기본 조건과 재정 접근을 개선하기 위한 유럽연합의 주력 계획인 '혁신 연합(innovation Union)'	**기후, 에너지 및 이동성(climate, energy and mobility)** 자원 사용과 경제 성장의 분리를 도모하고, 저탄소 경제로의 전환을 지원하며, 재생 에너지 원천의 사용을 증대하고, 유럽 운송 부문을 현대화하며, 에너지 효율을 촉진하기 위한 유럽연합 주력 계획인 '자원효율 유럽(resource efficient Europe)'
교육(education) 교육 시스템의 성과를 높이고 노동 시장에 대한 청년들의 진입을 촉진하기 위한 유럽연합의 주력 계획인 '행동하는 청년(youth on the move)'	**경쟁력(competitiveness)** 특히, 중소기업을 위한 사업 환경을 개선하고, 전 지구적 경쟁력을 구비한 강력하고도 지속가능한 산업적 기반의 개발을 지원하기 위한 유럽연합 주력 계획인 '세계화 시대를 위한 산업 정책(an industrial policy for the globalisation era)'
디지털 사회(digital society) 고속 인터넷 보급 속도의 향상과 가정 및 기업을 위한 디지털 단일 시장의 이익 향유를 위한 유럽연합의 주력 계획인 '유럽을 위한 디지털 의제(a digital agenda for Europe)'	

성하고, 혁신을 표방하는 새로운 지표를 개발한다.

추고, 최종 에너지 소비에서 재생 에너지가 차지하는 비율을 에너지 효율의 20%까지 높인다.

율을 31%에서 40% 이상으로 높인다.

곤으로부터 벗어나게 한다.

포용적 성장(inclusive growth)

고용과 기술(employment and skills)

노동 참여의 증대 및 노동 이동을 포함한 노동 수급의 조화라는 관점에서, 생애 주기 전반에 걸친 기술 숙련을 통하여, 노동시장을 현대화하고 노동자의 권한을 강화하기 위한 유럽연합 주력 계획인 '새로운 기술 및 직업을 위한 의제(an agenda for new skills and jobs)'

빈곤 퇴치(fighting poverty)

성장과 고용의 혜택이 널리 공유되고, 빈곤과 사회적 배제를 경험하는 사람들이 존엄하고 사회에 참여할 수 있도록 사회적, 영토적 결속을 보장하기 위한 유럽연합의 주력 계획인 '빈곤에 반대하는 유럽 플랫폼(European platform against poverty)'

인터레그의 정책:
유럽 결속정책(the European Cohesion Policy)[141]

유럽연합이 표방하는 지역정책(regional policy)의 기조는 이른바, '유럽 결속정책(Europe Cohesion Policy)'으로 표명되며, 이 '유럽 결속정책'의 속성은 곧 투자정책(investment policy)으로 귀속되는 바, 지역정책이자 투자정책으로서의 '유럽 결속정책'은 ① 일자리 창출, ② 경쟁력 강화, ③ 경제적 성장, ④ 삶의 질 향상, 그리고 ⑤ 지속가능한 개발 등을 목표로 선정, 이에 대한 적극적 지원의 형태로서 구체화되며, 유럽연합의 전 지역과 도시를 정책 적용 대상으로 삼는다. 이와 같은 정책적 목표의 달성과 전 지역적 개발 수요에의 부응을 위하여, 유럽연합 총 예산

---

141 이에 관해서는 유럽연합 집행위원회 홈페이지에 수록된 내용 및 보고서들을 참조하였음; http://ec.europa.eu; 특히, 홈페이지 내용의 경로는 다음과 같음; European Commission > EU regional and urban development > Regional Policy > Policy의 각 항목 및 항목별 세부항목, 즉 ① What is Regional policy, ② How does it work, ③ Themes, ④ Cooperation, ⑤ Communication, ⑥ Evaluation, ⑦ Analysis 등을 참조; 특히 여기에서는 ① What is Regional policy의 세부항목들인 ① The EU's main investment policy, ② Key achievements of Regional Policy, ③ 2007-2013, ④ Territorial cohesion, ⑤ Urban-rural linkages, ⑥ History of the policy, ⑦ Myths and Facts about EU Cohesion policy, ⑧ Glossary 등을 참조하였음.

의 약 3분의 1에 해당하는 금액인 3,518억 유로가 2014-2020년 기간 동안의'유럽 결속정책'에 배정된 바 있다.

유럽연합의 투자는 다양한 정책적 목표들을 달성하는 데 기여한다. 유럽연합의 투자는 교육, 고용, 에너지, 환경, 단일시장, 연구, 그리고 혁신 등 전 분야를 망라하여 유럽연합의 정책을 보완한다. 특히, '유럽 결속정책'은 '유럽 2020(Europe 2020)' 전략에 의해 제시된 바와 같은 유럽의 합의된 성장 목표들을 달성하는 데 필요한 투자의 기반과 전략을 제공한다. 즉, '유럽 2020(the Europe 2020)' 전략에 의하여, 2020년까지 유럽연합은 ① 고용, ② 혁신, ③ 기후/에너지, ④ 교육, ⑤ 사회적 포용 등의 영역에 대한 5가지의 구체적인 핵심목표들을 달성하는 것을 추구한다. 또한 개별적 회원국들은 해당 영역에 대한 자체적 국가 목표를 채택한 바 있다.

'유럽 결속정책' 기금의 대부분은 유럽연합 내에 상존하는 경제적, 사회적, 그리고 영토적 격차를 완화하고 해소하기 위하여, 유럽의 저개발 국가 및 지역들에 집중적으로 투자된다. '유럽 결속정책'은 한편에서는 회원국들에게 자국 예산으로부터의 공동 출자 의무를 부과하기 때문에, 그리고 다른 한편에서는 그 자체로서 투자자의 신뢰를 창출하기 때문에 공공 및 민간 기금의 확장을 위한 촉매재로서의 역할을 수행하는 것으로 평가된다. 이에, 개별 국가의 기여금 및 기타의 민간 투자를 고려할 때 2014-2020년 기간 동안 '유럽 결속정책'의 영향력은 약 4,500억 유로에 육박하였다.

목표설정: 유럽 집행위원회는 개별적 회원국 및 지역들과 협력하여 투자에 있어서의 우선순위와 개발에 있어서의 요구사항을 설명하는 이른바, '동반자협정(PA, the Partnership Agreement)'과 '운영프로그램(OP,

Operational Programme)을 작성한다. 개별적 회원국들의 관리당국이 해당 프로그램을 관리하고 하위의 특정 프로젝트들을 선정하게 된다.

> ※ **동반자협정(PA, the Partnership Agreement):** 2014-2020년 기간 동안 개별 회원국들은 유럽 집행위원회와 협력하여 '동반자협정'을 체결하였다. 이것은 '유럽 구조투자기금(ESIF, the European Structural and Investment Funds)'의 해당 프로그램에 대한 개입을 위한 참조문서(reference document)로서, '유럽 2020(the Europe 2020)' 성장 전략의 기조와 연결하는 역할을 수행한다. '동반자협정'은 관련 회원국들이 선택한 전략과 투자의 우선순위를 규정하고, 구현하고자 하는 국가적, 지역적 '운영프로그램OP, the Operational programme)'의 목록과 개별적 '운영프로그램'에 대한 연간 재정 할당액을 제시한다.

> ※ 상세 내용은 https://ec.europa.eu/regional_policy/archive/what/future/program/index_en.cfm을 참조할 것.

> ※ **운영프로그램OP, the Operational programme):** '운영프로그램'은 개별 회원국들이 프로그램 기간 동안 '유럽 구조투자기금(ESIF, the European Structural and Investment Funds)'의 자금을 사용하는 방법을 설정하는 세부 계획이다. 특정 지역 또는 국가 전체의 주제별 목표(예를 들면, 환경)에 대하여 작성할 수 있다. "유럽 영토 협력(ETC, the European Territorial Cooperation)" 목표 달성을 위해 국경 간 또는 지역 간 '운영프로그램'이 작성된다. 개별 회원국들은 '동반자협정(PA, the Partnership Agreement)'을 기반으로, '운영프로그램'을 제출한다. 각 '운영프로그램'은 2014-2020년 기간 동안 '유럽 결속정책'을 지도하는 11가지의 '주제별 목표(Thematic objectives)' 중 '운영프로그램'에 기하여 사용 가능한 자금을 통하여 처리할 대상을 지정한다.

> ※ 상세 내용은 https://ec.europa.eu/regional_policy/index.cfm/en/policy/how/stages-step-by-step/을 참조할 것.

주요 기금: '유럽 결속정책'은 다음과 같은 3가지의 주요 기금들을 통해 집행된다; ① '유럽 지역개발기금(ERDF, the European Regional Development Fund)': '유럽 지역개발기금'은 경쟁력 강화 및 일자리 창출을 위해 성장 제고 부문(growth-enhancing sectors)에 투자함으로써 지역적 경제 및 사회적 결속을 강화하는 것을 목표로 한다. 본 기금은 또한 국경 간 협력 프로젝트에 자금을 지원한다, ② '유럽 사회기금(ESF, the European Social Fund)': '유럽 사회기금'은 고용 및 교육 기회 개선에 중점을 두고 사람에 대하여 투자한다. 또한 빈곤이나 사회적 배제의 위험에 처한 불우한 사람들에 대한 지원을 목표로 한다, ③ '결속기금(CF, Cohesion Fund)': '결속기금'은 녹색 성장 및 지속가능한 개발에 투자하고 국내총생산(GDP)가 유럽연합 평균의 90% 미만인 회원국들의 연계성을 개선한다. 이와 같은 3가지 주요 기금들은 ④ '농촌개발을 위한 유럽농업기금(EAFRD, the European Agricultural Fund for Rural Development)'및 ⑤ '유럽 해양수산기금(EMFF, the European Maritime and Fisheries Fund)'과 함께 '유럽 구조투자기금(ESIF, the European Structural and Investment Funds)'을 구성한다.

'유럽 결속정책'은 다음과 같은 과정을 통하여 기금을 조달한다; ① 프로젝트 선정 단계: 관리 당국이 개별 프로젝트를 선정한다. 다만, 프로젝트의 총 비용이 5천만 유로를 초과하는 경우 위원회의 승인을 받아야 한다, ② 프로젝트 기금 조성 단계: 유럽 집행위원회는 각 국가가 프로젝트에 투자할 수 있도록 매년 초에 기금을 조성한다, ③ 프로젝트 기금 집행 단계: 국가기관이 인증한 지출은 유럽 집행위원회에서 지급한다, ④ 프로젝트 관리 감독 단계: 프로젝트는 지속적으로 관리 감독된다. 여기에는 유럽 집행위원회와 개별 회원국의 현장 감사 및 점검이 포함된다. 양 주체 공히 7년 예산 기간 동안 보고서를 제출해야 한다.

2014-2020: 2014-2020년 기간 동안의 '유럽 결속정책'에는 다음과 같은 새로운 기능이 추가되었다; ① 결과에 대한 강력한 집중(stronger focus on results): 책임성 강화를 위한 보다 명확하고 측정 가능한 목표 설정, ② 단순화(simplification): '유럽 구조투자기금'을 구성하는 5가지의 기금들에 대한 한 세트의 규칙 제시, ③ 조건(conditions): 기금 조달 이전에 특정 조건의 도입, ④ 강화된 도시 차원 및 사회적 통합을 위한 투쟁(strengthened urban dimension and fight for social inclusion): 도시 간 협력 프로젝트를 위한 '유럽 지역개발기금' 및 소외된 공동체의 지원을 위한 '유럽 사회기금'의 최소 금액 설정, ⑤ 경제 개혁과의 연결: 유럽연합의 경제적 규칙을 준수하지 않는 개별 회원국들에 대한 유럽 집행위원회의 기금 지원 중단 등.

2014-2020년 기간 동안의 '유럽 결속정책'은 유럽의 성장을 지원하는 11가지 주제별 목표를 다음과 같이 설정했다. 그 중 특히, ① '유럽 지역개발기금'의 투자는 ①-⑪번 목표를 모두 지원하기는 하나, 투자의 주요 우선순위는 ①-④ 항목이다, ② '유럽 사회기금'의 투자는 ①-④번 목표를 지원하기는 하나, 투자의 주요 우선순위는 ⑧-⑪이다, ③ '결속기금은' ④-⑦번 목표 및 ⑪번 목표를 지원한다; ① 연구, 기술 개발 및 혁신 강화, ② 정보통신기술(ICT)에 대한 접근, 이용 및 품질 향상, ③ 중소기업 경쟁력 강화, ④ 모든 부문에서 저탄소 경제로의 전환 지원, ⑤ 기후변화 적응 촉진, 위험 예방 및 관리, ⑥ 환경 보전 및 보호 및 자원 효율성 증진, ⑦ 지속 가능한 운송 촉진 및 주요 네트워크 인

프라의 병목 현상 제거, ⑧ 지속 가능하고 양질의 고용 촉진 및 노동 이동성 지원, ⑨ 사회적 통합 촉진, 빈곤 및 차별 퇴치, ⑩ 기술 및 평생 학습을 위한 교육, 훈련 및 직업 훈련에 대한 투자, ⑪ 공공기관 및 이해관계자의 제도적 역량 강화 및 효율적인 행정 등.

V

인터레그의 기금: 유럽 지역개발기금(ERDF, European Regional Development Fund)[142]

1. 유럽 구조투자기금(ESIF, the European Structural and Investment Funds)

2014–2020년 기간 동안 유럽연합은 5가지의 기금들로 구성된 '유럽 구조투자기금(ESIF, the European Structural and Investment Funds)'에 적용되는 일련의 통합된 규칙을 마련하였다. 이 규칙들의 목적은 유럽연합에서 "스마트하고, 지속가능하며, 포용적인 성장"의 구현을 목적으로 기획한 '유럽 2020(Europe 2020)' 전략과의 명확한 연결을 확립하고, 조화

---

142 이에 관해서는 유럽연합 집행위원회 홈페이지에 수록된 내용 및 보고서들을 참조하였음; http://ec.europa.eu; 특히, 홈페이지 내용의 경로는 다음과 같음; European Commission > EU regional and urban development > Regional Policy > Funding의 각 항목 및 항목별 세부항목, 즉 ① Available budget, ② Accessing the funds, ③ Financial instruments, ④ Financial management, ⑤ European Regional Development Fund, ⑥ Just Transition Fund, ⑦ Cohesion Fund, ⑧ European Social Fund, ⑨ EU Solidarity Fund, ⑩ IPA, ⑪ Brexit Adjustment Reserve, ⑫ Cohesion policy action against coronavirus 등을 참조하였음.

를 고양하며, 일관된 구현을 보장하고, 수혜자들로 하여금 가급적 용이하게 '유럽 구조투자기금'에 접근할 수 있도록 한 것이다.

즉, 2014-2020 기간 동안 유럽연합은 ① '유럽 결속정책(the Europe Cohesion Policy)', ② '공동농업정책(the Common Agricultural Policy)', 그리고 ③ '공동수산정책(the Common Fisheries Policy)'에 해당하는 이 5가지의 기금들에 대한 새로운 입법 기반을 제시했다. '유럽 구조투자기금'에 포함되는 5가지의 기금들은 다음과 같다; ① '유럽 지역개발기금(ERDF, the European Regional Development Fund)', ② '유럽 사회기금(ESF, the European Social Fund)', ③ '결속기금(CF, the Cohesion Fund)', ④ '농촌개발을 위한 유럽농업기금(EAFRD, the European Agricultural Fund for Rural Development)', ⑤ '유럽 해양수산기금(EMFF, the European Maritime and Fisheries Fund)' 등.

2014-2020 기간 동안 마련된 새로운 정책적 기반은 '유럽 구조투자기금'에 포함되는 5가지의 기금들 간의 더 나은 협력과 조정을 촉진하는 것을 목표로 한다. 이 목표는 5가지 기금들에 공히 적용되는 규칙을 도입한 '유럽 구조투자기금에 대한 공통조항규정(CPR, the Common Provisions Regulation for the European Structural and Investment Funds)(Regulation (EU) 1303/2013)'을 통해 달성된다.

그러나 '유럽 구조투자기금에 대한 공통조항규정'에 명시된 모든 규칙이 5가지의 기금들에 모두 적용되는 것은 아니라는 점에 유의해야 한다. 나아가, '유럽 구조투자기금에 대한 공통조항규정' 이외의 기금별 규정에는 별도의 규칙이 있다. 명확성을 도모하기 위해 '유럽 구조투자기금에 대한 공통조항규정'은 다음과 같이 '유럽 구조투자기금'과 관련한 특정 용어 및 법적 행위의 위계(位階)를 도입했다; ① '유럽 구조투자기금(ESIF, the European Structural and Investment Funds)': 상기한 바와 같음, ② '구조기금(the Structural Funds)': '유럽 지역개발기금(ERDF, the European Regional Development Fund)' 및 '유럽 사회기금(ESF, the European Social Fund)', ③ '기금(the Funds)': 3가지의 결속정책 기금: '유럽 지역개발기금(ERDF, the European Regional Development Fund)', '유럽 사회기금(ESF, the European Social Fund)' 및 '결속기금(CF, the Cohesion Fund)', ④ '기금별 규정(the Fund-specific Regulations)': '유럽 구조투자기금(ESIF, the European Structural and Investment Funds)'에 대한 특정 조항을 설정하고 각 기금의 범위 및 투자 우선순위 또는 '주제 집중thematic concentration'에 대한 규칙과 같이 '유럽 구조투자기금에 대한 공통조항규정'에서 다루지 않는 추가적 문제를 규제함 등.

아울러, 기금별 규정은 다음과 같다; ① '유럽 지역개발기금규정(the ERDF Regulation)'(No 1301/2013), ② '유럽 사회기금규정(the ESF Regulation)'(No 1304/2013), ③ '결속기금규정(the Cohesion Fund Regulation)'(No 1300/2013), ④ '농촌개발을 위한 유럽농업기금(the EAFRD Regulation)'(No 1305/2013), ⑤ '유럽 해양수산기금(the EMFF Regulation)'(No 508/2014) 등. 이 외에 '유럽 지역개발기금'이 공동 자금을 지원하는 협력 프로그램에는 '유럽 영토협력규정(ETC, the European Territorial Cooperation Regulation)(No 1299/2013)'이 적용된다.

2. 유럽 지역개발기금(ERDF, European Regional Development Fund)

'유럽 지역개발기금(ERDF, European Regional Development Fund)'은 지역 간 불균형을 시정함으로써 유럽 연합의 경제적, 사회적, 그리고 영토적 결속을 강화하는 것을 목표로 한다. '유럽 지역개발기금'은 유럽연합 집행위원회와 개별 회원국들의 국가, 지역 당국 간 책임을 공유하는 가운데 프로그램에 자금을 지원한다. 개별 회원국들의 집행부는 자금을 조달할 프로젝트를 선택하고 일상적인 관리를 책임진다.

2014-2020년 기간 동안 '유럽 지역개발기금'은 다음과 같은 몇 가지 주요 우선순위 영역에 투자를 집중하는데, 이것을 '주제 집중(thematic concentration)'이라고 명명한다; ① 혁신과 연구(innovation and research), ② 디지털 의제(the digital agenda), ③ 중소기업 지원(support for small and medium-sized enterprises)(SMEs), ④ 저탄소 경제(the low-carbon economy) 등.

상기한 바와 같은 우선순위에 할당된 '유럽 지역개발기금'의 재원은 지역적 범주에 따라 상이하다. ① 상대적으로 고(高)발전된 지역(more developed regions)에서는 기금의 최소 80% ② 변환 지역(transition regions)에서는 기금의 최소 60%, 그리고 ③ 저(低)발전 지역(less developed regions)에서는 기금의 최소 50%가 이와 같은 우선순위 중 최소 두 가지에 집중되어야 한다.

또한, 일부 '유럽 지역개발기금'의 재원은 특히 4번째 주제인 저탄소 경제 관련 프로젝트에 집중되어야 하는데, ① 고(高)발전된 지역에서는 기금의 최소 20% ② 변환 지역에서는 기금의 최소 15%, 그리고

③ 저(低)발전 지역에서는 기금의 최소 12%가 요구된다. 유럽 영토 협력 (ETC, the European Territorial Cooperation) 프로그램 하에서 최소 80%의 자금이 상기한 4가지 우선순위 영역에 집중되어야 한다.

'유럽 지역개발기금'은 또한 특정의 영토적 특성에 각별한 주의를 기울인다. '유럽 지역개발기금'의 활동은 지속가능한 도시 개발을 특히 중점적으로 다룸과 동시에, 도시 지역의 경제적, 환경적, 그리고 사회적 문제의 감소나 해소를 목적으로 기획되었다. 이에, '유럽 지역개발기금' 재원의 최소 5%는 도시에서 관리하는 이른바, '통합 활동(integrated actions)'을 통해 이 분야에 할당된다.

지리적인 관점에서, 자연 환경적으로 불리한 지역, 즉 원격(遠隔) 지역이나, 산간 지역, 또는 저(低)인구밀도 지역 등은 특별 관리 대상으로서 이익을 확보한다. 마지막으로, 최외곽(最外廓) 지역은 또한 '유럽 지역개발기금'의 특정 재원을 통해 원격으로 인해 발생할 수 있는 불이익을 해소한다.

인터레그의 사업:
인터레그 V(INTERREG V)[143]

1. 인터레그 개관

  '인터레그(INTERREG)'로 일컬어지는 "유럽 영토 협력(ETC, the European Territorial Cooperation)"은 '유럽 결속정책((the European Cohesion Policy)'의 2가지 목표 중 하나이며, 상이한 회원국들에 속한 국가적, 지역적, 그리고 지방적 행위자 간의 공동 조치와 정책 교환의 구현을 위한 프레임워크를 제공한다. "유럽 영토 협력"의 가장 중요한 목

---

143 이에 관해서는 유럽연합 집행위원회 홈페이지에 수록된 내용 및 보고서들을 참조하였음; http://ec.europa.eu; 특히, 홈페이지 내용의 경로는 다음과 같음; European Commission > EU regional and urban development > Regional Policy > Policy의 각 항목 및 항목별 세부항목, 즉 ① What is Regional policy, ② How does it work, ③ Themes, ④ Cooperation, ⑤ Communication, ⑥ Evaluation, ⑦ Analysis 등을 참조; 특히 여기에서는 ④ Cooperation의 세부항목들인 ① European Territorial Cooperation, ② Macro-regional strategies, ③ International cooperation 등 중 ① Cross-border cooperation, ② Boosting Growth and Cohesion in EU Border Regions, ③ Cross-border Review, ④ Trans-national cooperation, ⑤ Interregional cooperation, ⑥ Cooperation outside the EU, ⑦ European Grouping of Territorial Cooperation, ⑧ Contact and funding, ⑨ Interreg 30 Years, ⑩ Interreg Volunteers Youth 등을 참조하였음.

표는 유럽연합 전체의 조화로운 경제적, 사회적, 그리고 영토적 개발을
촉진하는 것이다.

우선, '인터레그'는 국경의 확장을 척도로 하는 공간을 기준으로, ①
'인터레그 A(INTERREG A)': 국경 간 협력(cross-border cooperation),
② '인터레그 B(INTERREG B)': 초국가 협력(transnational cooperation),
그리고 ③ '인터레그 C(INTERREG C)': 지역 간 협력(interregional
cooperation)(INTERREG C) 등 3가지 범주의 협력적 양상으로써 구축
되었다.

'인터레그 A'로 알려진, 유럽의 국가 간 협력은 국경을 중심으로 직접
또는 간접적으로 대응해 있는 최소 2개 이상 회원국들의 '통계를 위한
영토 단위 명명법 Ⅲ(NUTS Ⅲ, the Nomenclature of territorial units for
statistics Ⅲ)' 지역 간의 협력을 지원한다. 그것은 접경 지역에서 공동으

로 확인된 공통의 과제를 해결하고, 접경 지역의 미개척 성장 잠재력을 활용하는 동시에, 유럽연합의 전반적인 조화로운 발전을 위한 협력 프로세스를 강화하는 것을 목표로 삼는다.

※ **통계를 위한 영토 단위 명명법(NUTS, the Nomenclature of Territorial Units for Statistics):** '통계를 위한 영토 단위 명명법'은 유럽연합 전체에 공통 통계 표준을 적용하기 위해 유럽통계청(Eurostat, the European Office for Statistics)에서 설계하였다. '통계를 위한 영토 단위 명명법'의 각 수준들(levels)은 유럽연합의 통합 데이터 수집에 활용되는 지리적 영역이다. 1988년부터 '유럽 구조 및 투자기금(ESIF, the European Structural and Investment Funds)'에서 활용되었으며 기금의 할당에 중요한 역할을 한다. 현재 '통계를 위한 영토 단위 명명법'은 특정 인구의 범위에 따라, 회원국을 다음과 같은 세 가지 범주로 세분화한다. ① 통계를 위한 영토 단위 명명법 레벨 1: 덴마크, 아일랜드, 슬로베니아, 그리고 독일의 랜드(Länder) 및 기타 대규모 지역 등과 같은 소규모 회원국들이 해당, ② 통계를 위한 영토 단위 명명법 레벨 2: 스페인의 자치 지역, 프랑스 지역 및 해외 부서(DOM), 그리고 폴란드의 보이보드십(Voivodships) 등을 포함, ③ 통계를 위한 영토 단위 명명법 레벨 3: 그리스의 노모스(Nomoi), 핀란드의 마쿤타(Maakunnat), 스웨덴의 란(Län) 등을 포함한다. 유럽연합 규정에는 모든 '통계를 위한 영토 단위 명명법' 지역 전체의 정의 및 목록이 포함되어 있다.

※ 상세 내용은 https://ec.europa.eu/eurostat/web/main/home을 참조할 것.

'인터레그 B'로 알려진, 초국가적 협력에는 보다 확장된 영역을 형성하는 유럽연합의 몇몇 국가들의 지역이 포함된다. 공통 문제를 해결하기 위한 공동 접근 방식을 통해, 유럽연합 내에서 더 나은 협력과 지역 개발을 촉진하는 것을 목표로 한다. '인터레그 B'는 혁신, 환경, 접근성, 통신, 도시 개발 등과 관련된 광범위한 프로젝트 투자를 지원한다. 초국가적 프로그램은 기존 유럽 수준의 분석으로부터 전개된 지역 발전에 더하여, 합의된 우선순위의 설정과 조정된 전략적 대응을 이끄는 중요하고도 특별한 유럽적 차원이 추가된다.

'인터레그 C'로 알려진, 지역 간 협력은 모든 유럽연합 회원국을 포괄하는 범 유럽적 수준에서 작동한다. '인터레그 C'는 성공적인 지역에 의한 모범적 사례의 발견과 계발 및 우수한 경험의 교환과 전파를 촉진하기 위한 네트워크를 구축한다. 그것은 지속적인 투자자들의 이익 창출을 위하여 우등한 지역 사례들을 제시한다.

상기한 '인터레그'의 3가지 범주에 더하여, 유럽연합 회원국 후보 또는 잠재적 후보인 국가, 그리고 이른바, 제3국(예를 들면, 비(非) 유럽연합 회원국: 아이슬란드, 노르웨이, 스위스 등) 등과 함께, 유럽연합 외부 국경을 따라 전개되는 지역 개발을 지원하기 위해 사용할 수 있는 여러 가지 새로운 수단들이 있다.

또한, '인터레그'는 프로그램의 기획을 척도로 하는 시간을 기준으로, ① '인터레그 I(INTERREG I) (1990–1993)', ② '인터레그 Ⅱ(INTERREG Ⅱ)((1994–1999)', ③ '인터레그 Ⅲ(INTERREG Ⅲ)(2000–2006)', ④ '인터레그 Ⅳ(IINTERREG Ⅳ)(2007–2013)', ⑤ '인터레그 Ⅴ(INTERREG Ⅴ)(2014–2020)'.등 5가지 범주의 협력적 양상으로써 구축되었으며, 각각의 기간들은 연쇄적으로 전개되어 왔다.

1990년 '인터레그'는 오직 국경 간 협력(INTERREG A)에만 적용되는 10억 유로의 예산을 기반으로, '공동체 계획(the Community Initiative)'의 형태로서 개발되었다. 이후, 인터레그는 초국가 협력(INTERREG B) 및 지역 간 협력(INTERREG C)으로 확장되었다. "유럽 영토 협력"은 "성장과 고용을 위한 투자(IGJ, the Investment for Growth and Job)"와 함께, '유럽 결속정책 2014-2020(the European Cohesion Policy 2014-2020)'이 표방하는 2가지 목표 중 하나였다.

■ '인터레그'의 진화 경로, 1990-2020

	INTERREG I 1990-1993	INTERREG II 1994-1999	INTERREG III 2000-2006	INTERREG IV 2007-2013	INTERREG V 2014-2020
법적지위	공동체계획 Community Initiative		구조기금 규정 Structural Funds regulation		자체 규정 own regulation
수혜국수 (국경내부)	11개국	11-15개국	15-25개국	27-28개국	28개국
약정예산 (현재가격)	11억 ECU	38억 ECU	58억 유로 (EUR)	87억 유로(EUR)	101억 유로 (EUR)

2015년 '인터레그' 25주년, 나아가 2020년 '인터레그' 30주년은 유럽 전역에서 다양한 행사를 통하여 그 의의가 기념된 바 있다. 여러 해에 걸쳐, '인터레그'는 국경을 초월한 동반자 간의 협력을 지원하는 유럽연합의 핵심 도구로써 자리매김하여 왔다. '인터레그'의 목표는 건강, 연구 및 교육, 운송, 혹은 지속 가능한 에너지 등 광범위한 분야에서 공통의 문제를 함께 해결하고 공유된 해법을 지속적으로 모색해 나가는 것이다.

2. 인터레그 V(2014-2020)

　'유럽 결속정책 2014-2020(the European Cohesion Policy 2014-2020)'에서 제시된 새로운 설계 및 '유럽 2020(the Europe 2020)'에서 정립된 혁신적 전략에 따라, '인터레그 V'는 배가된 영향력 강화와 투자의 효과적 활용을 도모하기 위해 기존의 프로그램들과 확연히 구별되는 새로운 양상으로 재편되었다. 2014-2020 개혁에 내포된 중심 기조는 ① 집중화(concentration), ② 단순화(simplification), ③ 목표지향(results orientation) 등의 개념으로 수렴된다.

　'인터레그V'는 "스마트하고, 지속가능하며, 포용적인 성장을 위한 유럽 전략(a European strategy for smart, sustainable and inclusive growth)"으로서의 '유럽 2020'의 구현에 기여하는 '유럽 지역개발기금(ERDF, the European Regional Development Fund)'의 규정에 명시된 11가지의 투자 우선순위를 기반으로 삼으며, 각 협력 프로그램에 대한 예산의 최소 80%는 11가지의 투자 우선순위 중 최대 4가지 주제 목표에 집중하도록 설계되었다.

※ **유럽 2020(Europe 2020):** '유럽 2020'은 스마트하고, 지속 가능하며, 포용적인 성장을 위한 유럽연합의 10개년 전략이다. 이 목표를 달성하기 위해 ① 고용, ② 연구 및 개발, ③ 기후 변화 및 에너지 지속 가능성 ④ 교육, ⑤ 빈곤 퇴치 및 사회적 배제 등 5가지 야심찬 목표가 설정되었다. '유럽 결속정책(the European Cohesion Policy)'은 재정적으로 '유럽 2020' 전략을 지원하는 데 전념한다. 이것이 2014-2020년 기간 동안에 '유럽 2020'의 목표와 연계된 11개의 주제별 목표에 자금이 지원되는 이유이다. 특정 비율의 투자가 11개의 주제별 목표에 집중적으로 전개된다. 이 주제별 목표로 인하여, 결속정책 기반의 자금 지원은 유럽이 보다 혁신적이고, 효율적이며, 지속가능하고, 경쟁력을 갖추도록 하는 방식으로 이루어진다.

※ 상세 내용은 https://ec.europa.eu/info/business-economy-euro/을 참조할 것.

※ **유럽 지역개발기금(ERDF, the European Regional Development Fund):** '유럽 지역개발기금'은 1975년에 설립되었으며 지역 경제의 개발 및 구조 조정, 경제 변화, 경쟁력 강화 및 유럽연합 전역의 영토 협력을 위한 재정 지원을 제공한다. '유럽 사회기금(ESF, the European Social Fund)', '결속기금 (CF, the Cohesion Fund)', '지역개발을 위한 유럽 농업기금(EAFRD, the European Agricultural Fund for Regional Development)', '유럽 해양- 수산기금(EMFF, the European Maritime and Fisheries Fund)'과 함께 '유럽 지역개발기금'은 5대 '유럽 구조-투자기금(ESIF, the European Structural and Investment Funds)' 중 하나이다. 20014-2020년 기간 동안 '유럽 지역개발기금'의 예산은 2,500억 유로 이상이다. 이 기금은 '유럽 결속정책'에 대한 11가지 주제별 목표에 따라 프로젝트를 지원하며 특히 다음 4가지 주요 우선순위에 중점을 둔다: ① 연구, 기술 개발 및 혁신 강화, ② 정보통신기술 (ICT)에 대한 접근, 이용 및 품질 향상, ③ 중소기업 경쟁력 강화, ④ 모든 부문에서의 저탄소 경제로의 전환 지원 등. '유럽 지역개발기금'은 또한 "유럽 영토 협력"이라는 목표에 따라 국가 간, 지역 간 및 초국적 프로젝트에 자금을 지원한다.

※ 상세 내용은 https://ec.europa.eu/regional_policy/index.cfm/en/funding/ erdf/을 참조할 것.

11가지 투자 우선순위 목록은 다음과 같다; ① 연구 및 혁신(research and innovation), ② 정보 통신 기술(information and communication technologies), ③ 중소기업의 경쟁력(competitiveness of SMEs), ④ 저탄소 경제(low-carbon economy), ⑤ 기후 변화 퇴치(combating climate change), ⑥ 환경 및 자원 효율성(environment and resource efficiency), ⑦ 지속 가능한 운송(sustainable transport), ⑧ 고용 및 이동성(employment and mobility), ⑨ 사회적 통합(social inclusion), ⑩ 더 나은 교육, 훈

련(better education, training), ⑪ 더 나은 공공 행정(better public administration) 등.

■ '유럽 2020'의 목표와 '유럽 지역개발기금'의 투자 우선순위 목록

지속가능한 성장 (sustainable growth)	스마트한 성장 (smart growth)	포용적인 성장 (inclusive growth)
① 연구 및 혁신 research and innovation	⑤ 기후 변화 퇴치 combating climate change	⑧ 고용 및 이동성 employment and mobility
② 정보 통신 기술 information and commu-nication technologies	⑥ 환경 및 자원 효율성 environment and re-source efficiency	⑨ 사회적 통합 social inclusion
③ 중소기업의 경쟁력 competitiveness of SMEs	⑦ 지속 가능한 운송 sustainable transport	⑩ 더 나은 교육, 훈련 better education, training
④ 저탄소 경제 low-carbon economy		⑪ 더 나은 공공 행정 better public administra-tion

'인터레그 V'의 협력 프로그램 ①: '인터레그V'에서는 지역 간 및 영토적, 사회적, 그리고 경제적 동반자 간, 100개 이상의 협력 프로그램에 101억 유로의 예산이 투자되었다. 또한, 이 예산에는 여타의 수단들, 예를 들면 '사전가입지원을 위한 수단(IPA, the Instrument for Pre-accession Assistance)' 및 '유럽 근린우호 수단(ENI, the European Neighborhood Instrument)'에 의해 지원되는 유럽연합 외부 국경 협력 프로그램에 참여하는 회원국을 위한 '유럽 지역개발기금' 할당액이 포함되었다.

※ **사전가입지원을 위한 수단(IPA, the Instrument for Pre-Accession Assistance)**: '사전가입지원을 위한 수단'은 후보국가(candidate countries)와 잠재후보국가(potential candidate countries)를 지원하기 위해 유럽연합에서 설립하였다. '사전가입지원을 위한 수단'은 2007년 출범하였으며, '폴란드-헝가리: 경제구조조정지원(PHARE, the Poland and Hungary: Assistance for Restructuring their Economies)', '사전가입을 위한 구조정책수단(ISPA, the Instrument for Structural Policies for Pre-Accession),' '농업-농촌개발을 위한 특별가입프로그램(SAPARD, the Special Accession Programme for Agriculture and Rural Development)', 그리고 '재건-개발-안정화를 위한 지역사회지원(CARDS, the Community Assistance for Reconstruction, Development and Stabilization)' 등과 같은 여러 가지 기존의 유럽연합 사전 가입 프로그램 및 터키를 위한 금융 수단을 대체하였다. '사전가입지원을 위한 수단'은 다음과 같은 5가지 정책 영역에 적용된다; ① 전환 지원 및 기관 구축, ② 사회경제적 및 지역적 발전, ③ 인적 자원 개발, ④ 농업 및 농촌 개발, ⑤ 지역 및 영토 협력 등. 후보 국가(터키, 북마케도니아, 몬테네그로, 세르비아)와 잠재적 후보 국가(알바니아, 보스니아-헤르체고비나, 국제연합 안전보장이사회 결의 1244호 하의 코소보)는 공히, '사전가입지원을 위한 수단'을 통해 지원이 가능하다. '사전가입지원을 위한 수단'을 통한 지원은 장기 프로그램을 통해 제공되며, 각 수혜 대상에 대한 특수한 전략 계획 문서인 국가 전략 문서를 요구 한다. 이 협의는 후보국가가 2014-2020년 기간 동안 지역정책에 해당하는 자금을 포함하여 유럽연합 회원자격 획득 이후 받게 될 유럽 기금에 대한 관리에 대비한다.

※ 상세 내용은 https://ec.europa.eu/regional_policy/index.cfm/en/funding/ipa/을 참조할 것.

※ 유럽 근린우호 수단(ENI, the European Neighborhood Instrument): '유럽 근린우호 정책(ENP, the European Neighborhood Policy)'은 알제리, 아르메니아, 아제르바이잔, 벨로루시, 이집트, 조지아, 이스라엘, 요르단, 레바논, 리비아, 몰도바, 모로코, 팔레스타인 자치정부, 시리아, 튀니지, 우크라이나 등 유럽연합 인접 국가에 있어서의 정치, 경제 및 사회 개혁 프로세스에 대한 지원을 목표로 한다. '유럽 근린우호 정책'은 각 동반자 국가와의 지속적인 대화를 통해 번영, 안정, 안보, 시장경제 및 지속가능한 성장 등을 강화하는 것을 목표로 한다. 동반자 국가는 민주주의, 인권, 법치, 굿거버넌스, 시장경제원칙 및 지속가능한 개발 등에 대한 약속을 보여주는 '유럽 근린우호 정책' 실행계획에 동의한다. 각 동반자 국가의 단기 및 중기 우선순위를 설정하는 실행계획은 이 정책의 핵심 수단 중 하나이다. 행동계획은 인접 국가별로 맞춤화되어 있지만, 일반적으로 정치적 대화로부터 무역 관련 문제, 경제 및 사회적 협력에 이르는 다양한 공통 활동에 적용된다. 2014–2020년 기간 동안 '유럽 근린우호 정책'은 2007년부터 존재해온 '유럽 근린우호–동반자관계 수단(ENPI, the European Neighbourhood and Partnership Instrument)'을 대체하는 '유럽 근린우호 수단'의 재정 지원을 받는다. 2011년에 시작된 갱신된 '유럽 근린우호 정책'에 기하여, '유럽 근린우호 수단'은 주로 다음과 같은 부분에 집중한다; ① 성숙하고 지속가능한 민주주의의 확립 및 번영하는 시민사회의 전개를 통한 인권과 법치의 증진, ② 유럽연합 역내시장의 점진적 통합을 포함한, 지속가능하고 포용적인 성장, 그리고 경제적, 사회적 및 영토적 개발; ③ 학생교류, 시민사회를 포함한, 이동성 및 사람 간의 접촉; ④ 국경 간 협력을 포함한, 지역 통합 등. 총 7년간의 '유럽 근린우호 수단' 예산은 154억 유로 (2014년 가격 기준)이다.

※ 상세 내용은 https://eeas.europa.eu/을 참조할 것.

'인터레그 V'의 협력 프로그램은 다음과 같다.

- 60개의 국경 간 협력, '인터레그 V–A(INTERREG V–A)': 38개의 유럽연합 국경을 따라 전개, '유럽 지역개발기금' 기여금: 66억 유로

- 12개의 국경 간 협력, '사전가입지원을 위한 수단(IPA)': 유럽연
  합 할당액: 117억 유로, 이 중 2억 4200만 유로가 국경 간 협력
  에 할당
- 16개의 국경 간 협력, '유럽 근린우호 수단(ENI)': 유럽연합 할
  당액: 154억 유로, 이 중 6억 3400만 유로가 국경 간 협력에
  할당
- 15개의 초국가 협력, '인터레그 V–B(INTERREG V–B)': 발트해,
  알파인, 그리고 지중해 지역과 일부 비(非) 유럽연합 국가와 같
  은 광범위한 협력 영역을 포괄, '유럽 지역개발기금' 기여금: 21억
  유로
- 지역간 협력 프로그램인 '인터레그 유럽(INTERREG Europe)'과 3개
  의 네트워크 프로그램들, 즉 ① '도시개발 네트워크 프로그램 Ⅲ
  (URBACT Ⅲ, the Urban Development network programme Ⅲ)',
  ② '인터랙트 Ⅲ(NTERRACT Ⅲ)', 그리고 ③ '유럽 공간계획 관
  찰 네트워크(ESPON, the European Spatial Planning Observation
  Network)' 등은 유럽연합의 모든 회원국뿐만 아니라, 노르웨이,
  스위스, 그리고 '도시개발 네트워크 프로그램'의 경우 아이슬란드
  와 리히텐슈타인까지 포함한다. 그들은 상이한 국가들의 지역과
  지방들 간 경험을 교류하기 위한 프레임워크를 제공한다. '유럽 지
  역개발기금' 기여금: 5억 유로

※ **인터레그 유럽(INTERREG Europe)**: '인터레그 유럽'으로 명명되는 지역 간 협력 프로그램은 '유럽 지역개발기금(ERDF, the European Regional Development Fund)'이 공동으로 자금을 지원하는 "유럽 영토 협력(ETC, the European Territorial Cooperation)" 목표에 따라 모든 유럽연합 회원국과 노르웨이 및 스위스를 대상으로 삼는다. '인터레그 유럽'은 '인터레그 IV-C(INTERREG IV-C)' 프로그램으로부터 연결된다. 2014-2020년 기간 동안의 주요 목표는 경험과 모범 사례의 교환을 통해 지역 개발 정책을 개선하는 것이었다. 또한 유럽 수준에서 이미 확인된 지역적 요령과 모범 사례를 활용하는 것을 목표로 한다. '인터레그 유럽' 프로그램은 공공 행정, 지역 개발 당국, 교육 기관 등과 같은 지역 및 지방 제도에 공동으로 자금을 지원하여 관계망을 형성하고, 다양한 주제에 대한 경험들을 교환함으로써, 유럽 수준에서 바람직한 지역적 관행을 산출한다. 상대적으로 보다 경험이 풍부한 관계망은 해당 분야, 해당 지역의 즉각적 발전에 긍정적 영향력을 행사하기 위해 기 검증된 모범 사례의 활용을 목표로 삼는다. '인터레그 유럽'은 다음과 같은 4가지 주제에 중점을 둔다; ① 연구, 기술 개발 및 혁신, ② 중소기업의 경쟁력, ③ 저탄소 경제, ④ 환경 및 자원 효율성 등. '유럽 지역개발기금'에서 3억 5,900만 유로의 예산으로 두 가지 유형의 활동에 자금을 지원한다. ① 협력 프로젝트는 여러 국가의 조직이 3~5년 동안 협력하고 특정의 정책 문제에 대한 모범 사례를 교환할 수 있는 기회이며, ② 정책 학습 플랫폼은 유럽의 지역 개발을 다루는 조직의 접근이 가능한 지속적 학습을 위한 공간이다.

※ 상세 내용은 https://www.interregeurope.eu/을 참조할 것.

※ **도시개발 네트워크 프로그램(URBACT, the Urban Development network programme):** '도시개발 네트워크 프로그램'은 지역 간 협력 프로그램의 일환으로, "유럽 영토 협력(ETC, the European Territorial Cooperation)" 목표에 따라, 유럽 집행위원회가 재정 지원하는 유럽 교류 및 학습 프로그램이다. '도시개발 네트워크 프로그램'의 목표는 중소도시 및 대도시가 모범 사례를 식별, 이전 및 보급하도록 장려함으로써, 도시 재생 분야에 있어서의 혁신을 촉진하는 것이다. 2014-2020년 프로그램 기간 동안, 이 프로그램은 '도시개발 네트워크 프로그램 III(URBACT III, the Urban Development network programme III)'으로 계속된다. 이 프로그램은 모든 유럽연합 회원국, 노르웨이 및 스위스 등을 대상으로 삼는다. '유럽 지역개발기금(ERDF, the European Regional Development Fund)'이 예산에 7,430만 유로를 기여하여, 유럽연합과 회원국이 공동으로 자금을 조달하였으며, 이는 이전 프로그램 기간에 비해 상당히 증가한 금액이다. '도시개발 네트워크 프로그램 III'에 따라 자금이 지원되는 프로젝트는 다음과 같은 4가지 주요 목표를 다루었다; ① 지속 가능한 도시 정책을 제공하기 위한 도시의 역량 향상, ② 도시 정책 설계 개선, ③ 도시의 정책 시행 개선, ④ 지식 구축 및 공유 등.

※ 상세 내용은 https://urbact.eu/을 참조할 것.

※ **인터랙트(INTERACT):** '인터랙트 2012-2020(INTERACT 2014-2020)'은 '유럽 결속정책((the European Cohesion Policy)'의 "유럽 영토 협력(ETC, the European Territorial Cooperation)" 목표에 따라, 유럽연합 자금지원 프로그램을 구현하는 이해관계자들에 대한 지원을 제공한다. '인터랙트'는 관리 및 구현에 대한 조언을 제공하고, 주제별 세미나 조직을 지원하며, 모범 사례를 전파한다. '인터랙트'는 "유럽 영토 협력" 프로그램 관리에 책임이 있는 유럽 전역의 기관 및 조직을 지원한다. 여기에는 관리당국, 공동기술사무국, 국가연락사무소, 인증 및 감사기관 등이 포함된다. 이 프로그램은 모든 유럽연합 회원국과 노르웨이, 스위스를 대상으로 한다.

※ 상세 내용은 https://www.interact-eu.net/을 참조할 것.

※ **유럽 공간계획 관찰 네트워크(ESPON, the European Spatial Planning Observation Network):** '유럽 공간계획 관찰 네트워크'는 유럽의 영토 개발 정책 수립의 지원을 목표로 설정한 응용 연구 프로그램이다. 이와 같은 목표의 달성을 위해, 본 프로그램은 지역, 도시, 그리고 더 넓은 영토의 잠재력과 그들이 직면한 경제적 도전을 식별하기 위한 관점에서, 다양한 경제적, 사회적, 그리고 환경적 측면과 관련된 영토적 경향성에 대한 광범위하고 체계적인 데이터를 생산한다. '유럽 공간계획 관찰 네트워크'의 활동은 모든 유럽연합 회원국에 더하여, 아이슬란드, 리히텐슈타인, 노르웨이 그리고 스위스 등을 포함하며 대륙 전역에서 130개 이상의 기관이 참여한다. 그들은 다양한 종류의 연구(주제, 정책 효과, 교차 주제, 과학적 네트워킹, 역량 구축 등)를 수행하고, 통계, 분석 및 지도의 형태로 영토 관련 데이터를 생산한다. 따라서 '유럽 공간계획 관찰 네트워크'의 주요 과제 중 하나는 생산된 데이터를 지역 정책 입안자로 하여금 접근 및 이해 가능한 대상으로 만드는 것이다. 유럽연합 수준에서 '유럽 공간계획 관찰 네트워크'에 의한 연구의 결과는 유럽연합의 경쟁력 강화와 지속가능한 발전에 활용될 수 있는 비교 가능한 정보의 원천을 제공한다. 2014-2020년 기간 동안에 '유럽 공간계획 관찰 네트워크'는 '유럽 영토협력그룹(EGTC, the European Grouping for Territorial Cooperation)'으로서의 역할을 수행한다. 주요 초점은 11가지 주제 목표, 즉 공공 기관 및 이해 관계자의 제도적 역량 강화 및 효율적인 공공 행정에 있다.

※ 상세 내용은 https://www.espon.eu/을 참조할 것.

■ '인터레그 V'의 협력 프로그램

| 결속정책 목표의 1/2 | ▶ | 결속정책 예산 3518억 유로 중 101억 유로 | ▶ | 결속정책 예산의 2.8% | ▶ | 107개 협력 프로그램 |

국경 간 협력 인터레그 VA (INTERREG VA)	초국가적 협력 인터레그 VB (INTERREG VB)	지역 간 협력 인터레그 VC (INTERREG VC)
60개 협력 프로그램(국경 내부) 66억 유로	15개 협력 프로그램 21억 유로	4개 협력 프로그램 – 인터레그 유럽(INTERREG Europe) – 도시개발 네트워크 프로그램 (URBACT) – 인터렉트(INTERACT) – 유럽 공간계획 관찰 네트워크 (ESPON) 5억 유로
12개 인터레그 사전가입지원을 위한 수단(INTERREG IPA) 2억 4200만 유로		
16개 인터레그 유럽 근린우호 수단 (INTERREG ENI) 6억 3400만 유로		

Ⅶ

결론

    2020년 2월 '인터레그' 창립 30주년을 기념하는 성명서에서 유럽연합 집행위원이었던 엘리사 페레이라(Elisa Ferreira)는 '인터레그(INTERREG)'가 국경 지역에 거주하는 1억 7천만 유럽 시민들을 보다 친밀하게 만들고, 삶을 개선하며, 새로운 협력의 기회를 창출했음을 강조했다. 페레이라는 30년 동안 인터레그가 유럽연합의 국가와 지역의 낙오를 방지하고 견고한 유럽의 건설을 향해 행동해 왔다는 점에 주목하면서, 이와 같은 '인터레그'의 임무는 계속되어야 하며, 올해의 축하 행사는 과거를 성찰하고, 미래를 설계하는 데 사용해야 한다고 점을 강조하였다. 그녀는 '인터레그' 30년은 함께하면 더 강해진다는 확고한 신념에 기하여 추진되는 협력정신으로서의 유럽연합의 근본 가치를 향한 여정이었음을 강조했다.

    한편, 유럽 의회는 "유럽 영토 협력"이 국경 지역 개발을 위한 국경 간 협력의 중요성에 주목하면서, 영토적 결속의 강화에 상당한 기여를 하고 있다고 평가했다. 지역 간 프로젝트들은 또한, '유럽 결속정책'의 효과에 관한 '유럽 의회예산통제위원회(the European Parliament Committee on Budgetary Control)'를 위해 준비된 2019년 연구에서 강조된 바와 같이, 성장을 실현할 수 있는 상당한 잠재력을 가지고 있다고 논평했다. 또한, 유럽의회는 지역 간 프로젝트의 상대적 중요성이 고도의 경제 성장과 강한 상관관계가 있다는 점에 주목하면서, "유럽 영토 협력" 프로젝트가 매우 효과적인 것으로 보이며, 나아가 최고의 성과를 내는 것으로 설명했다.

유럽 집행위원회의 2017년 9월 제7차 결속 보고서에 따르면, 유럽의 영토 협력은 내부 국경의 부정적인 영향을 완화하고 연구, 환경, 운송, 교육, 의료 또는 국경 간 안보와 같은 분야에서 혁신적인 해법을 제공하는 데 핵심적인 역할을 수행했다. 본 보고서는 그러나, 많은 규제 장벽이 제거되었음에도 불구하고, 국경은 여전히 서비스, 사람, 자본, 상품, 그리고 아이디어의 이동에 있어서 장애물로 작용하고 있다고 지적했다. 실제로, '인터레그'는 지난 30년 동안 유럽에 많은 이익을 제공해 왔으나, 여전히 많은 과제가 남아 있음은 분명한 사실이다.

우선, 다수의 이해관계자들이 제기하는 가장 중요한 문제점은 "유럽 영토 협력"에 사용할 수 있는 기금의 규모가 작다는 것이다. '인터레그'의 2014-2020년 기간 동안의 예산은 사상 최대 규모였지만, 여전히 '유럽 결속정책' 전체 예산의 2.8%에 불과한 수준이었다. 다수의 이해관계자들은 이 액수가 불충분하다는 데 동의하는데, 이 견해는 유럽 의회가 2016년 "유럽 영토 협력"에 관한 결의안에서 제기한 내용과 동일하다. ② 다음으로, 제기되는 두 번째 문제점은 "유럽 영토 협력"의 내용과 대상, 즉 영향력에 대한 유럽연합 수준의 데이터가 부재하다는 것이다. 즉, 제시되는 결과지표가 변화를 측정할 수는 있지만, 특정 "유럽 영토 협력" 프로그램이 변화에 기여한 정도를 포착할 수는 없다는 한계가 지목되는 것이다.

이어서, 제기되는 세 번째 문제점은 "유럽 영토 협력"에 관련된 이해관계자들을 결집시키는 네트워크로서의 능력에서 '인터레그'에 대한 정치적 지원의 공급이 부족하고, '인터레그'와 여타의 '유럽 구조투자기금(ESIF, the European Structural and Investment Funds)' 프로그램 간의 상호 보완성이 약하다는 점이다. ④ 관련하여, 제기되는 네 번째 문제점으로는 여러 국가들이 참여하는 프로그램 및 프로젝트들에 있어서, 절차가 복잡하여 관리에 소모되는 비용이 크다는 점이 제시된다. ⑤ 마지막으로, 코로나바이러스감염증-19(COVID-19)의 대유행으로 인한 국경 폐쇄의 여파로, 국경 간 협력이 억제되고 지역 경제에 막대한 피해가 발생하고 있다는 점으로 거론할 수 있다. 그러나 코로나바이러스감염증-19의 대유행은 '인터레그' 프로그램 및 프로젝트의 변환적 도약을 위하여 반드시 극복해야 할 대상임에 틀림없다.

참고문헌

1. 국내문헌

강수돌, "제8장 세계화와 인간노동," 김윤태 외 공저, 『세계의 정치와 경제』, 서울: 한국방송
　　대학교출판부, 2011, pp. 127~150.
게오르그 옐리네크 저, 김효전 역, 『일반국가학』, 서울: 법문사, 2005.
김명섭, "탈냉전기 세계질서와 국가주권," 『세계정치』, 25, 1, 2004, pp. 18~42.
김세균, "제6장 국가론," 서울대학교 교수 공저, 『정치학의 이해』, 서울: 박영사, 2002, pp.
　　140~198.
김준석, "17세기 중반 유럽 국제관계의 변화에 관한 연구," 『국제정치논총』, 52, 3, 2012, pp.
　　111~139.
마상윤, "한국현대사에 나타난 주권문제의 성격: 1960년대 초 미국의 한국 정치 개입 문제를
　　중심으로," 『세계정치』, 25, 1, 2004, pp. 70~95.
민병원, "초국가적 사회운동과 개인의 국제정치: 국가 권위에 대한 도전과 이론적 함의," 『국
　　제지역연구』, 24, 1, 2015, pp. 1~33.
박상섭, "근대 주권 개념의 발전과정," 『세계정치』 25, 1, 2004, pp. 96~122.
박재적, ""국제안보연구" 방법론 고찰: 동아시아 "안보질서" 연구 경향을 중심으로," 『세계정
　　치』, 20, 1, 2014, pp. 113~147.
서한석, "세계화와 개방의 속도," 『국제지역연구』, 11, 1, 2007, pp. 354~373.
손철성, 『철학 텍스트들의 내용 분석에 의거한 디지털 지식 자원 구축을 위한 기초적 연구: 마
　　르크스 <자본론>』, 서울, 서울대학교 철학사상연구소, 2004.
안두환, "세력 균형에서 협조 체제로: 폴 슈뢰더(Paul W. Schroeder)의 근대 유럽 외교사," 『
　　세계정치』, 20, 1, 2014, pp. 192~282.
안승국, "한국에 있어서 세계화에 대한 국가의 정치 경제적 대응: 신자유주의인가 국가주의
　　인가?," 『세계지역연구논총』, 25, 3, 2007, pp. 105~123.
유호근, "세계화의 패러독스: 지역주의의 병존과 심화," 『세계지역연구논총』, 28, 3, 2010,

pp. 85~106.

은용수, "외교정책 설명과 방법론: 패러다임 전환 및 확정을 위한 제언," 『세계정치』, 20, 1, 2014, pp. 148~191.

이왕휘, "이론, 방법 그리고 방법론: "국제정치학 이론의 종언" 논쟁의 비판적 검토," 『세계정치』, 20, 1, 2014, pp. 29~69.

이용욱, "구성주의 국제정치경제: 방법론 고찰과 적용," 『세계정치』, 20, 1, 2014, pp. 283~321.

이철호, "탈주권거버넌스의 지역정치: 유럽의 신지역주의와 월경지역협력 시스템," 『21세기 정치학회보』, 20, 1, 2010, pp. 215~236.

이혜정, "웨스트팔리아와 국제관계의 근대성: 러기의 비판적 이해," 『국제정치논총』, 42, 2, 2002, pp. 27~44.

이혜정, "주권과 국제관계이론," 『세계정치』, 25, 1, 2004, pp. 123~157.

임마누엘 칸트 저, 백종현 역, 『순수이성비판 1』, 서울, 아카넷, 2006.

임마누엘 칸트 저, 백종현 역, 『순수이성비판 2』, 서울, 아카넷, 2006.

전재성, "국가주권의 재성찰," 『세계정치』, 25, 1, 2004, pp. 5~17.

전재성, "유럽의 국제정치적 근대 출현에 관한 이론적 연구: 중첩, 복합의 거시이행," 『국제정치논총』, 49, 5, 2009, pp. 7~31.

전재성, "탈실증주의 국제정치학 인식론의 모색," 『세계정치』 20, 1, 2014, pp. 70~112.

정용화, "근대한국의 주권개념의 수용과 적용," 『세계정치』 25, 1, 2004, pp. 43~69.

최위정, "국가적 경계의 본질과 기제에 관한 연구: 국제정치학의 분석 수준을 중심으로," 『평화학연구』, 22, 1, 2022, pp. 147~172.

최위정, "국가적 경계의 함의에 관한 연구," 『평화학연구』, 19, 4, 2018, pp. 237~260.

카를 슈미트 저, 김효전, 정태호 역, 『정치적인 것의 개념』, 서울, 살림, 2012.

칼 마르크스 저, 김수행 역, 『자본론 I (상): 정치경제학비판 (제2개역판)』, 서울, 비봉출판사, 2001.

홍재우, "세계화의 압력과 정치제도: 합의제민주주의 제도의 역할," 『국제정치논총』, 48, 1, 2008, pp. 115~141.

2. 외국문헌

Amin, A., "Placing Globalization," *Theory, Culture and Society*, 14, 2, 1997, pp. 123~137.

Anderson, J. and I. Shuttleworth, "Sectarian Demography, Territoriality and Political Development in Northern Ireland," *Political Geography*, 17, 2, 1998, pp. 187~208.

Anderson, J. and J. Goodman, "Regions, States and the European Union: Modernist Reaction or Postmodern Adaption?," *Review of International Political Economy*, 2, 4, 1995, pp. 600~631.

Anderson, J. and L. O'dowd, "Borders, Border Regions and Territoriality: Contradictory Meanings, Changing Significance," *Regional Studies*, 33, 1999, pp. 593~604.

Anderson, J. and L. O'dowd, "Contested Borders: Globalization and Ethno-national Conflict in Ireland," *Regional Studies*, 33, 7, 1999, pp. 681~696.

Anderson, J., "The Exaggerated Death of the Nation State," in J. Anderson, C brook, and A. Cochrane (eds.), *A Global World?: Re-ordering Political Space*, Oxford, Oxford University Press, 1998, pp. 65~112.

Ashby, W. R., "Principles of the Self-Organizing Dynamic System," *Journal of General Psychology*, 37, 1947, pp. 125~128.

Bartlett, R. and A. Mackay, *Medieval Frontier Societies*, Oxford, Clarendon Press, 1989.

Bentley, A. F., *The Process of Government: A Study of Social Pressures*, Chicago, University of Chicago Press, 1908.

Bertalanffy, L. von, *General System Theory: Foundations, Development, Applications*, New York, George Braziller, 1968.

Boulding, K. E., "General System Theory - The Skeleton of Science," *Management Science*, 2, 3, 1956, pp. 197~208.

Boyer, R. and D. Drache (eds.), *States against Markets: The Limits of Globalization*, London, Routledge, 1996.

Bull, H., "International Theory: The Case for a Classical Approach," in K. Knorr and J. N. Rosenau (eds.), *Contending Approaches to International Politics*, Princeton, Princeton University Press, 1969, pp. 20~38.

Bunyan, T., (ed.), *Statewatching the New Europe*, London, Statewatch/Unison, 1993.

Buzan, B. and O. Wæver, "Macrosecuritisation and Security Constellations: Reconsidering Scale in Securitisation Theory," *Review of International Studies*, 35, 2, 2009, pp. 253~276.

Buzan, B. and O. Wæver, *Regions and Power: The Structure of International Security*, New York, Cambridge University Press, 2003.

Buzan, B., O. Wæver and J. D. Wilde, *Security: A New Framework for Analysis*, Colorado, Lynne Rienner Publishers, 1998.

Castells, M., *The Power of Identity*, Oxford Blackwell, 1997.

Castells, M., *The Rise of Network Society*, Blackwell, Oxford, 1996.

Catlin, G. E., *Science and Method of Politics*, London, K. Paul, Trench, Trubner & Company Limited, 1927.

Church, A. and P. Reid, "Cross-border Co-operation, Institutionalization and Political Space Across the English Channel," *Regional Studies*, 33, 1999, pp. 643~655.

Connolly, W. E., "Democracy and Territoriality," *Millenium*, Winter, 1991, pp.

463~483.

Dahl, R. A., "The Behavioral Approach in Political Science: Epitaph for a Monument to a Successful Protest," *American Political Science Review*, 55, 1961, pp. 763~772.

Easton, D., "Introduction: The Current Meaning of "Behavioralism" in Political Science," in J. C. Charlesworth (ed.) *The Limits of Behavioralism in Political Science*, Philadelphia, American Academy of Political and Social Science, 1962, pp. 1~25.

Eulau, H., "Segments of Political Science Most Susceptible to Behavioristic Treatment," in J. C. Charlesworth (ed.) *The Limits of Behavioralism in Political Science*, Philadelphia, American Academy of Political and Social Science, 1962, pp. 26~48.

Eulau, H., *The Behavioral Persuasion in Politics*, New York, Random House, 1963.

Featherstone, M. (ed.), *Global Culture, Nationalism, Globalisation and Modernity*, London, Sage, 1990.

Forsberg, T., "Beyond Sovereignty, within Territoriality: Mapping the Space of Late-modern (Geo)Politics," *Cooperation and Conflict*, 31, 4, 1996, pp. 355~386.

Fukuyama, F., *The End of History and the Last Man*, New York, Free Press, 1991.

Giddens, A., *The Runaway World*, London, BBC, 1999.

Hirst, P. and G. Thompson, *Globalization in Question*, Cambridge, Polity Press, 1995.

Hobson, J. A., *Imperialism: A Study*, London, Allen and Unwin, 1938.

Hoffman, S., *The State of War: Essays on the Theory and Practice of International Politics*, New York, Praeger, 1965.

Holman, H. and K. Van der Pijl, "The Capitalist Class in the European Union," in G. A. Kourvetaris and A. Moschonas (eds.), *The Impact of European Integration*, Westport, Praeger, 1996, pp. 55~74.

Hoogvelt, A., "Globalisation, Exclusion and the Politics of Resistance," *AntePodium*, 2, 1997, pp. 1~15.

Hornby, A. S., *Oxford Advanced Learner's Dictionary of Current English, Fifth edition*, Oxford, Oxford University Press, 1995.

Jellinek, G., *Allgemeine Staatslehre*, Berlin, O. Häring, 1900.

Kant, I., *Kritik der reinen Vernunft*, Riga, J. F. Hartknoch, 1781.

Kaplan, M. A., "The New Great Debate: Traditionalism vs. Science in International Relations," in K. Knorr and J. N. Rosenau (eds.), *Contending Approaches to International Politics*, Princeton, Princeton University Press, 1969, pp. 39~61.

Kaplan, M., *System and Process in International Politics*, New York, John Wiley and Sons, 1957.

Katzenstein, P. J., R. O. Keohane and S. D. Krasner, "International Organization and the Study of World Politics," *International Organization*, 52, 4, 1998, pp. 645~685.

Kirkpatrick, E. M., "The Impact on Political Science of the Revolution in the Behavioral Sciences," in A. Ranney (ed.), *Essays on the Behavioral Study of Politics*, Urbana, University of Illinois Press, 1962, pp. 1~30.

Kissinger, H. A., *Nuclear Weapons and Foreign Policy*, New York, Harper, 1957.

Knorr, K. and J. N. Rosenau (eds.), *Contending Approaches to International Politics*, Princeton, Princeton University Press, 1969.

Krätke, S., "Regional Integration or Fragmentation? The German-Polish Border Region in a New Europe," *Regional Studies*, 33, 1999, pp. 631~641.

Lasswell, H. D., *Politics: Who Gets What, When and How*, New York, Whittlesey House, 1936.

Lenin, V. I., Translator unnamed, *Imperialism, the Highest Stage of Capitalism*, New York, International Publishers, 1939.

Letamendia, F., M. Uranga and G. Etxebarria, "Astride Two States: Cross-border Cooperation in the Basque Country," in L. O'dowd and T. Wilson (eds.), *Borders, Nations and States*, aldershot, Avebury, 1996, pp. 91~116.

Lierop, C. van, "Thirty Years of European Territorial Cooperation," *European Parliamentary Research Service*, November, 2020.

Mann, M., "Has Globalization Ended the Rise and Rise of the Nation-state?," *Review of international political economy*, 4, 3, 1997, pp. 472~496.

Merriam, C. E., "The Present State of The Study of Politics," *American Political Science Review*, 15, 2, 1921, pp. 173~185.

Merriam, C. E., *New Aspects of Politics*, Chicago, University of Chicago Press, 1925.

Miles, R. and D. Thranhardt (eds.), *Migration and European Integration*, London, Frances Printer, 1995.

Morgenthau, H. J., *Politics Among Nations: The Struggle for Power and Peace*, New York, Alfred A. Knopf, 1948, and subsequent editions.

O'brien, R., *Global Financial Regulation: The End of Geography*, London, Royal Institute of International Affairs, 1992.

Ohmae, K., *The Borderless World*, London, Collins, 1990.

Ohmae, K., *The End of the Nation State*, London, Free Press, 1990.

Paasi, A., "Boundaries as Social Practice and Discourse: The Finnish-Russian Border," *Regional Studies*, 33, 1999, pp. 669~680.

Perkmann, M., "Building Governance Institutions Across European borders," *Regional Studies*, 33, 1999, pp. 657~667.

Rapoport, A., *General System Theory. Essential Concepts and Applications*, Tunbridge Wells, Kent, Abacus Press, 1986.

Reitel, B., B. Wassenberg and J. Peyrony, "The INTERREG Experience in Bridging European Territories. A 30-Year Summary," in Eduardo Medeidos (ed.) *European Territorial Cooperation*, Lisbon, Lisbon University, 2018, pp. 7~23.

Robertson, R., *Globalization: Social Theory and Global Culture*, London, Sage, 1992.

Rosecrance, R. N., *Action and Reaction in World Politics International Systems in Perspective*, Boston, Little, Brown and Company, 1963.

Rupnik, J., "Europe's New Frontiers: Remapping Europe," *Dacdalus*, 123, 3, 1994, pp. 91~114.

Sack, R., *Human Territoriality: Its Theory and History*, Cambridge, Cambridge University Press, 1986.

Schmitt, C., *Der Begriff des Politischen*, Berlin, Duncker & Humblot, 1931.

Sieyès, A .E. J., *Qu'est-ce que le Tiers-État?*, Paris, 1789.

Singer, J. D., "The Level-of-Analysis Problem in International Relations," *World Politics*, 14, 1, 1961, pp. 77~92.

Sklair, L., *Sociology of the Global System*, Brighton, Harvester Press, 1991.

Stivachtis, Y. A., "International Migration and the Politics of Identity and Security," *Journal of Humanities and Social Sciences*, 2, 1, 2008, p. 1~24.

Stritzel, H., *Securitization Theory and the Copenhagen School*, London, Palgrave Macmillan, 2014.

Truman, D. B., "The Impact on Political Science of the Revolution in the Behavioral Sciences," in S. K. Bailey (ed.), *Research Frontiers in Politics and Government*, Washington, D.C., Brookings, 1955, pp. 202~231.

Wæver, O., B. Buzan, M. Kelstrup and P. Lemaitre, *Identity, Migration and the New Security Agenda in Europe*, New York, Palgrave Macmillan, 1993.

Wallas, G., *Human Nature in Politics*, London, A. Constable and Company Limited, 1908.

Waltz, K., *Man, the State and War: A Theoretical Analysis(Revised Edition)*, New York, Columbia University Press, 2001.

Waltz, K., *Man, the State, and War*, New York, Columbia University Press, 1959.

Waltz, K., *Theory of International Politics*, New York, Random House, 1979.

Weiss, L., *The Myth of the Powerless State*, Oxford, Polity Press, 1998.

Wendt, A., *Social Theory of International Politics*, New York, Cambridge University Press, 1999.

국가적 경계: 개념, 이론 그리고 사례

초판 인쇄	2024년 1월 26일
초판 발행	2024년 1월 30일

저 자	최위정
펴낸이	김재광
펴낸곳	솔과학
등 록	제10-140호 1997년 2월 22일
주 소	서울특별시 마포구 독막로 295번지
	302호.(염리동 삼부골든타워)
전 화	02-714-8655
팩 스	02-711-4656
E-mail	solkwahak@hanmail.net

I S B N   979-11-92404-73-8 (93340)

값 12,000원